Ofensivo y escandaloso

LIDERAZGO PARA EL NUEVO SIGLO

DR. JEFFREY DE LEÓN
con DR. JOEL VAN DYKE

Ofensivo y escandaloso

LIDERAZGO PARA EL NUEVO SIGLO

GRUPO NELSON
Una división de Thomas Nelson Publishers
Desde 1798

NASHVILLE   DALLAS   MÉXICO DF.   RÍO DE JANEIRO   BEIJING

A menos que se especifique lo contrario, las citas bíblicas usadas
son de la Santa Biblia, Versión Reina-Valera 1960
© 1960 por Sociedades Bíblicas en América Latina,
© renovado 1988 por Sociedades Bíblicas Unidas.
Usadas con permiso

Aportes de Estrategias de Transformación usados con permiso.

Citas marcadas NVI son de la Nueva Versión Internacional® NVI®
© 1999 por la Sociedad Bíblica Internacional. Usadas con permiso.

Citas marcadas RV 1909 son de la Santa Biblia, Versión Reina-Valera 1909.

Diseño: Grupo Nivel Uno, Inc.
Fotografía del autor: www.samfotos.com

ISBN: 978-1-60255-153-4

Impreso en Estados Unidos de América

09 10 11 12 13 BTY 9 8 7 6 5 4 3 2 1

CONTENIDO

ACLARACIONES

Nuestro enfoque

Es muy importante para nosotros, como autores, iniciar de entrada aclarando algunas cosas. Una de las más importantes es el hecho de afirmar que no escribimos este libro pensando que tenemos *todas* las respuestas, ni tampoco pretendemos saberlo todo. Más bien deseamos abordar estos temas con temblor y temor sabiendo que tenemos mucho que aprender. Nuestro deseo siempre ha sido y será conocer a Dios y darle a conocer. Este libro es un intento de retarnos nosotros mismos; con un corazón humillado seguimos dependiendo de Dios. Seguimos necesitando de su gracia y su verdad. Te animamos a unirte con nosotros en esta aventura en la que encontraremos paradigmas que merecen nuestra seria consideración y, ¿por qué no?, nuestra máxima habilidad de cuestionamiento y crítica.

Modernismo a postmodernismo

¿Es el mundo postmoderno en el que vivimos un regalo o una maldición? La mayoría del tiempo se les dice a los cristianos que hay que verlo como una maldición. Se nos ha enseñado que necesitamos luchar contra la «mala» cosmovisión postmoderna que relativiza todo haciéndonos iguales bajo el sol para que Jesús sea igual que Buda, etc. Típicamente la gente ve el cambio completamente mal, así que nos tomamos el tiempo para mostrar diferencias clave entre el modernismo y el postmodernismo sin demonizar a ninguno, porque no todo es malo en la modernidad o en la postmodernidad.

Modernismo	Postmodernismo
La vida es un problema a ser resuelto	La vida es un misterio a ser vivido
Razón	Misterio
Individuo	Comunidad
Lenguaje conceptual	Lenguaje simbólico
Física newtoniana	Teoría de caos
La verdad es objetiva/estática	La verdad es contextual/ relacional
Universal	Particular
Producto	Proceso
Independencia	Interdependencia
Autoridad ejercida	Experiencia compartida
Uno u otro	Paradoja
Inmanente	Trascendente

En el modernismo la vida del mundo es un problema a ser solucionado. Hay una solución a todo y todo puede ser resuelto como A + B = C. Si sólo podemos descifrar la respuesta correcta, podemos solucionar el problema. En el mundo postmoderno ese lente ya no se aplica. La gente no cree que la vida es un problema por resolver. Ni siquiera que puede resolverlo. Cada solución crea un desastre mayor. Esa es la crítica de la cultura postmoderna a nivel de la calle. No estamos hablando de academia aquí. Estamos hablando de lo que sucede al nivel de la calle. La mente postmoderna no cree que los científicos encontrarán las respuestas que necesitamos.

La persona postmoderna cree que la vida es más bien un misterio para vivirlo. Es algo que podemos tratar; pero significa que tenemos que estar cómodos con el misterio y mantenernos al margen de siempre querer solucionar problemas. El punto aquí es que la mayoría de nosotros hemos sido entrenados bajo una perspectiva moderna y por tanto vivimos en una cultura postmoderna que piensa muy diferente. Si se explica bien, esto crea una buena conversación.

Así que en el razonamiento del mundo moderno, el individuo y el lenguaje conceptual son los temas centrales. Sin embargo, en el mundo postmoderno el misterio se prefiere por encima de la razón, y la comunidad se prefiere sobre el individuo. Podemos preguntarles a los líderes juveniles si esto es cierto con sus chicos. Te garantizo que valoran en gran manera la comunidad. Los chicos están mucho más cómodos con el misterio que lo que sus líderes toleran tocante al ministerio. Y están mucho más familiarizados con el lenguaje simbólico que con el conceptual. Por eso es que el hip hop y las artes se están volviendo tan populares otra vez. ¿Por qué es esto y qué nos dice?

Las tres palabras: razón, individuo y concepto en contraposición a misterio, comunidad y lenguaje simbólico vienen de un libro llamado *Ancient-Future Faith* por Robert Webber. Lo que este autor dice básicamente es que el futuro de nuestra fe es mucho más parecido al del mundo antiguo. El futuro de nuestra fe y el contexto de la cultura emergente son mucho más similares al contexto cultural de la iglesia antigua. Hubo un período de como mil años en el que quedamos atrapados en la fase moderna, la que introdujo categorías que en muchas formas eran artificiales en el mundo antiguo y nos forzaron a hacer cosas con las Escrituras que no eran lógicas. El propósito de eso no es demonizar la perspectiva modernista porque este es el período que nos dio la ciencia y las mejores medicinas, el cuidado de salud, etc. Sin embargo, también nos forzó a tratar y analizar la Biblia a través de un lente modernista y un proceso que exprimió algunas de las lecciones y los regalos más ricos de las Escrituras para nosotros. El argumento de Webber es que nos dirigimos a una cultura que nos ayudará a recuperar algunas de esas cosas. Así que hay muchos aspectos positivos en la cultura postmoderna que deberíamos capitalizar. El misterio, la comunidad y el lenguaje simbólico están pavimentando el camino para la Palabra de Dios en una cultura que no conoce nada acerca de Jesús. Esto es un cambio de paradigma para mucha gente que siente que debe seguir luchando en contra de la cultura.

La física newtoniana es otra forma de desempacar las tres grandes ideas anteriores. Así que en lugar de física newtoniana, que se trata de leyes (A + B = C) y es bastante lineal, la teoría del caos está volviéndose muy popular ya que proclama que hay cierto orden en medio del caos. No son teólogos los que están diciendo eso, son ateos y científicos que afirman que puedes discernir cierto orden en medio del caos. Sin embargo, para nosotros la teoría del caos está en Génesis 1.

El modernista diría que la verdad es objetiva o estática pero el postmodernista en ciertas circunstancias afirmaría que la verdad es contextual o relacional, no relativa necesariamente. Lo que estamos haciendo aquí es poniendo un poco de giro en los términos negativos que otros han usado para luchar en contra de la cultura postmoderna. La gente critica tanto la cultura postmoderna porque cree que la verdad ha sido hecha relativa; pero si sales a contemplar la verdad de la calle, ves que no es tan relativa sino más bien contextual. La gente va a luchar verdaderamente porque piensa que estamos diciendo que la verdad es diferente en diversos contextos. No, es la misma verdad pero se aplica de forma distinta en diferentes contextos.

La verdad no viola la relación. Ella siempre viene a través de un contexto y dentro de él y a través de una relación. Así que en cierto nivel y en cierta forma es relativa al contexto o relación. Así que para muchos cristianos en Argentina es perfectamente correcto tomar alcohol con moderación aunque para la mayoría en el resto de Latinoamérica no es así, pero la misma verdad dirige a ambos. La forma en la que ministras en un contexto es diferente a la forma en que lo haces en otro contexto, pero eso es relativo. ¿No es eso relativismo a cierto nivel? La gente se queda atrapada en la palabra «relativismo». Si no somos cuidadosos, y lo que estamos tratando de hacer es desmitificar la palabra relativismo y darnos cuenta de que siempre aplicamos la verdad de acuerdo a su contexto relacional, eso es, en cierto sentido, relativo. Esto no significa que neguemos la verdad en el proceso. Así que con lo que tenemos que lidiar aquí es con el misterio o la paradoja de Dios como verdad pero también que Dios aplica la verdad acerca de quién Él es de forma única en diferentes situaciones.

¿Es la cultura postmodernista un regalo? ¿Está haciendo Dios algo en gracia común que está pavimentando el camino para la gracia salvadora en las formas menos esperadas? Aquí es donde una teología reformada es muy útil. Da un paso hacia atrás y mira lo que está pasando en la cultura juvenil hoy en la comunidad que está comenzando a formar, etc. ¿Podría eso estar preparando el camino para el evangelio? El hecho de que la verdad sea contextual y los chicos entiendan que se expresa de forma diferente en cada contexto en el que viven (escuela, iglesia, familia, vecindario), *no altera la verdad absoluta del evangelio. El evangelio no cambia, aunque lo comuniques y te acerques de forma distinta en diferentes contextos.* Otra vez, esto puede ayudarnos a regresar y formular la pregunta siguiente: ¿por qué hay cuatro evangelios? ¿Por qué? Porque hay cuatro diferentes comunidades que necesitan escuchar la misma verdad. La verdad es única en cada comunidad. No son diferentes verdades que han sido expresadas, sino la misma verdad expresada en formas diversas.

En vez de enfatizar lo universal, cuando la mente moderna dice que todo es lo mismo en todos lados, el postmodernismo afirma que es particular. Mientras más particular te vuelves, más puedes ver la realidad universal. C. S. Lewis dijo: «Si puedes ver una cosa pequeña bien, ves lo grande». En otras palabras, si puedes ir a tu propio contexto particular de forma profunda, verás las verdades universales que nos forman a todos. Si conoces a alguien bien, conoces a la humanidad. Ese es el punto. El modernista dice que tienes que verlo todo antes de poder entender lo particular.

En lugar de enfatizar en el producto —como el modernista—, el énfasis está en el proceso, lo que hace el postmodernista. Deberíamos tener esa idea de aquí en adelante. O esto o aquello —para el modernista— identifica su tendencia de querer todo delineado y seco, blanco o negro. El liderazgo ofensivo y escandaloso estará dispuesto a darle una mirada desde otro ángulo a filosofías como el postmodernismo y cuestionará su validez, vigencia o relevancia a la luz de la verdad absoluta de Dios en la Biblia.

CAPÍTULO I
El Karate Kid

Hace muchos años (en los noventa) surgió una película titulada *Karate Kid*. Era la historia de un chico común y corriente que se convirtió en un gran campeón karateca. Dentro de toda la trama, este chico tuvo que enfrentar situaciones adversas con sus enemigos (otros jovencitos) en la escuela y su enamoramiento de una chica. También hubo intercambios interesantes con su madre, que era soltera. Sin embargo, la relación clave en la vida de este chico fue la amistad con el señor Miyagi, un genio de las artes marciales. Para hacerte la historia corta, Karate Kid y el señor Miyagi llegan a un acuerdo en el que este se compromete a enseñarle las artes marciales para poder lidiar con los chicos que lo acosaban.

Durante su entrenamiento, Karate Kid tiene que aprender algo que luego le salvó la vida en el torneo karateca al final de la película. En una de las escenas más recordadas de la película encontramos al entrenador (el señor Miyagi) y a Karate Kid balanceándose en el centro de unos troncos en la playa con los brazos extendidos hacia los dos extremos lanzando patadas fulminantes hacia el frente. Ahora la pregunta es: ¿qué tiene esto que ver con el liderazgo? Para ser sinceros sólo nos interesa la parte del entrenamiento que requería la habilidad, la destreza, el reto de saber permanecer en equilibrio sin irse a ninguno de los lados (extremos). Porque es muy fácil irse a los extremos. En efecto, en un momento de la película el señor Miyagi (a quien le fascinaba utilizar metáforas) le aclara a Karate Kid que es más fácil estar en los extremos de una calle, «pero si te paras en el centro, seguro estarás en peligro», repetía el señor Miyagi. Sin embargo, le enseñó a mantenerse en el centro (en equilibrio) sin irse a los lados (extremos). Fue allí en esa posición que pudo tirar las patadas más fulminantes. En cuanto al liderazgo, ¿Cuáles son los extremos? Y ¿cuál es el centro o cómo encontramos el equilibrio? El evangelio de San Juan introduce a la persona de Jesús en una forma muy interesante y nos dice que Su gloria estaba llena de dos cosas. Estas dos palabras son importantes para nuestro entendimiento del liderazgo que estamos proponiendo en Juan 1.14:

> Y aquel Verbo fue hecho carne, y habitó entre
> nosotros (y vimos su gloria, gloria como del unigénito
> del Padre), lleno de gracia y de verdad.

Claramente nos interesa, ¿cómo fue que vimos Su gloria? El pasaje dice que «vimos su gloria llena de *gracia y de verdad*». Tenemos que detenernos aquí por un momento y entender estas dos palabras desde nuestro contexto. Además, es importante mencionar que no dice que Su gloria estaba llena de amor y gracia o verdad y misericordia o fe y compasión. Dice que Su gloria estaba llena de gracia y de verdad. Por cuestiones de aclaración quisiera sugerir que una razón por la que no se menciona el amor aquí es porque este es el vehículo por el cual se transporta esta gracia y esta verdad. Sin amor no importa cuánta gracia y verdad tengamos. Primera de Corintios 13 nos aclara este punto expandiendo su influencia.

> Si yo hablase lenguas humanas y angélicas, y no tengo
> amor, vengo a ser como metal que resuena, o címbalo
> que retiñe. Y si tuviese profecía, y entendiese todos
> los misterios y toda ciencia; y si tuviese toda la fe,
> de tal manera que trasladase los montes, y no tengo
> amor, nada soy. Y si repartiese todos mis bienes para

dar de comer a los pobres, y si entregase mi cuerpo para ser quemado, y no tengo amor, de nada me sirve.

Esto quiere decir que tenemos en nuestras manos una revelación espectacular tocante al poder de esta combinación entre el amor, la gracia y la verdad. Si existiera un liderazgo que pudiera ejemplificar esta verdad, sería efectivamente impactante.

Tomás fue pastor por dieciocho años de una congregación que se mantenía entre los veinticinco a treinta miembros en la comunidad Los Brasiles del barrio San Francisco, en una de nuestras ciudades latinoamericanas. Cansado de tantos años de esfuerzo sin fruto, decidió buscar con intensidad el rostro de Dios y entender la visión que Él tenía para su comunidad. Al cabo de un buen tiempo Tomás entendió que Dios deseaba no sólo redimir el alma del ser humano sino también sus familias, comunidades y naciones. Fue así que recapacitó en lo que había hecho en los años anteriores de su ministerio y se dio cuenta de que había estado atacando a la comunidad.

Tomás decidió reunir a los miembros de su iglesia y les pidió que visitaran su comunidad casa por casa e invitaran a la gente a la iglesia para pasar un tiempo especial. Él no creía que fuera a llegar tanta gente, pero la iglesia estaba totalmente llena. Entonces le pidió perdón a su comunidad porque en los años anteriores a través de las campañas evangelísticas había ofendido a los no creyentes. Además, Tomás y su congregación preguntaron casa por casa qué deseaba la comunidad que la iglesia hiciera por ellos. De esta manera la iglesia comenzó un proyecto de limpieza y en vez de hacer devocionales los domingos, salieron a limpiar los desperdicios que había en su comunidad. Al cabo de unas semanas los vecinos salieron a ofrecerles comida y ayuda. Eso fue sólo el inicio de una serie de cambios que han beneficiado a su comunidad y, por consiguiente, al cuerpo de Cristo. Para el pastor Tomás la iglesia tiene la responsabilidad de llevar un evangelio integral. Por lo tanto, debe servir a su comunidad con amor, gracia y verdad.

La iglesia del pastor Tomás comenzó a desarrollarse ministerialmente con este nuevo enfoque desde el año 2000, por lo que actualmente cuenta con muchos «discípulos». Usa la palabra «discípulos» porque para él los miembros son todos los habitantes de la comunidad. También han iniciado ya varios proyectos como una escuela, un centro de computación, un coliseo y recién compraron un terreno para construir un diamante de béisbol y una cancha de fútbol. Además construyeron veintidós casas para la gente de la comunidad (no creyentes). Todos los proyectos que han realizado han sido consultados con la comunidad, la cual ha nombrado al pastor como líder máximo y representante de su comunidad ante el gobierno.

Como veremos más adelante, es más fácil ver extremos de la gracia y la verdad en el liderazgo que un equilibrio efectivo entre las dos.

Pensemos por un momento en la idea de la gracia. Nuestro idioma español es muy limitado y no describe cómo es esta gracia. Si tuviéramos que explicarla tendríamos que decir que gracia es básicamente recibir lo que no merecemos. Es una forma muy sencilla de expresar que todo el proceso de la salvación está lleno de gracia. Pero no es una gracia común. Es la gracia que alcanza al más peligroso, al más malo de todos, al asesino, al adúltero, a la prostituta, al pandillero, al traficante, a todos los representantes de lo peor y despreciado de la sociedad. Es una gracia escandalosa (más en el capítulo 3). La otra palabra interesante es que vimos su gloria llena de «verdad». Esto definitivamente tiene mucho que ver con el noventa por ciento de las culturas que hoy llegaron a concluir que no existe verdad absoluta.[1] Esta pregunta se les formuló a los mejores chicos cristianos de las «mejores» iglesias: «¿Crees que existe la verdad absoluta?» En otras palabras, se les preguntó si creían que había verdad independientemente del país, condición económica, religión o cualquier otra variante que se aplique a todo ser humano. Josh McDowell afirmó en 2004 que el noventa y uno por ciento de ellos dijo que no creían en la verdad absoluta.[2] Siéntate por un momento, si estás parado, y piensa en las implicaciones. Básicamente esto quiere decir que si nos atrevemos como líderes a hacer afirmaciones como la de Juan 14.6 —Jesús le dijo: Yo soy el camino, y la verdad, y la vida; nadie viene al Padre, sino por mí—, seremos vistos como líderes ofensivos. Esto quiere decir que la verdad que predicamos y vivimos es ofensiva para este mundo y de allí la idea de ser un líder ofensivo. ¿Quiere decir que vamos a callar la verdad? De ninguna manera. Recuerda que la persecución es una promesa. Hablaremos un poco más de esto en el siguiente capítulo. En esencia, lo ofensivo y lo escandaloso están en lo verdadero y veraz de nuestro mensaje y en la aplicación del mismo a diversas situaciones con un espíritu lleno de gracia. El capítulo 1 versículo 14 de Juan plantea cómo y por eso al final del libro quiero sugerir el centro de la tensión entre los extremos de estas dos realidades para el liderazgo de hoy. Pero, ¿por qué extremos? Si soy sólo *verdad, verdad, verdad* puedo caer en el legalismo. Si soy solamente *gracia, gracia, gracia*, puedo caer en el libertinaje. Por eso el reto de encontrarme en el centro de la tensión entre la verdad y la gracia sin comprometer ni uno ni otro. He allí el reto de encontrar el equilibrio.

Los beneficios del equilibrio van mucho más allá de nuestra realidad inmediata. Una vida sin equilibrio *siempre* es problemática. A veces parece justificada, pero a largo plazo los efectos rara vez son ventajosos. Mira a las personas que ganan fama y gran cantidad de dinero a temprana edad. Muchas de ellas experimentan la decepción al poco tiempo. Algunas, especialmente aquellas que añadieron drogas o alcohol a la mezcla, encuentran en el suicidio la única solución.

No hay, me parece, una respuesta prefabricada para encontrar el equilibrio perfecto, ya que continuamos luchando yendo de un extremo al otro. La situación de cada uno es diferente. Sin embargo, una buena forma de pensar en crear el equilibrio en tu vida es tratarla como si se tratara de cualquier otra gran inversión de recursos. Los consejeros financieros profesionales concuerdan en alejar a los inversionistas de los tipos de inversiones que no mantienen el equilibrio. Es demasiado riesgoso.

Lo mismo sucede con el liderazgo. Las formas desequilibradas de liderar están llenas de riesgo: para tu salud, tu familia y tus relaciones, tu estabilidad mental, tus seguidores y tu paz mental. Puedes creer que estás utilizando un modelo de liderazgo fabuloso —lo suficientemente seguro como para arriesgar la mayoría de tu capital de vida tras la expectativa de una ganancia mayor—, pero la vida está llena de sorpresas. Lo que parece una manera segura de hacer las cosas hoy puede desaparecer mañana. ¿Vale realmente la pena destruir la vida de un seguidor si no somos el tipo de líderes que este mundo necesita?

Por supuesto, la mayoría de las personas ni siquiera están conscientes de cuán dañino es un mal liderazgo. Mucha gente sigue a las masas, así como miles de personas continúan siguiendo a líderes abusadores y controladores, seguras de que debe ser lo correcto, pues todos los demás conocidos lo hacen también. Cuando encuentran una decepción terrible en sus líderes, deja de ser un consuelo el ser parte de las masas.

También sucede lo mismo en otros aspectos de la vida. La mentalidad de manada prevalece y la gente se apresura a seguir un liderazgo paupérrimo. Ya sea controlador y manipulador, tratan de emular el último «mover de Dios» o seguir ciegamente sin ningún tipo de discernimiento ni pensamiento crítico, a las masas; a lo que la gente recurre automáticamente.

Podemos comparar al liderazgo equilibrado con la precaución financiera. Cuando escoges cómo quieres liderar, estás invirtiendo una gran cantidad de tu capital personal en esa decisión. Capital compuesto de tu tiempo, tu energía, tu compromiso, el éxito de tus relaciones y de tu vida familiar, así como también tu capacidad de obtener ganancia. El cliché dice que comprar una casa es la mejor inversión de la vida. Eso no es cierto. Lo que inviertes en tu decisión como líder es aun mejor; incluye también tu salud emocional, espiritual, intelectual y física.

El líder que se invierte a sí mismo en el trabajo y la carrera hasta la exclusión total de todo lo demás está cometiendo un grave error. El equilibrio es importante. Al abandonar la vida del hogar y la familia, arruinando la mayoría de las relaciones y arriesgando la salud mental, espiritual y física para ganar reconocimiento en el liderazgo, el líder está convencido de que la riqueza y el estatus resultante compensarán con creces esas pérdidas. Hay un costo que pagar. Ser un líder y vivir en un extremo o en el otro es sumamente riesgoso. Cuando te des cuenta de que has perdido, será demasiado tarde para cambiar de opinión.

Una mariposa que vive solamente por el placer instantáneo es igual de imprudente. Del mismo modo lo es el perezoso que se aprovecha de los demás mientras se la pasa en la playa todo el día. Cualquier cambio en el liderazgo desequilibrado lleva consigo grandes riesgos. Un liderazgo equilibrado invierte en ambos lados de la balanza. El liderazgo equilibrado puede ubicarse y mantenerse en medio de la gracia y la verdad.

Una forma de ver toda esta idea del equilibrio es considerar los aspectos principales del liderazgo, para ver si le estás dedicando a cada uno de ellos una cantidad importante de tu atención. Cualquier liderazgo equilibrado va a cubrirlos todos.

Desarrollo personal (espiritual, físico, social e
intelectual)
Trabajo y carrera
Salud, actividad física
Prudencia, tranquilidad, calma
Familia, amigos, relaciones
Tiempo libre, diversión, relajación
Comunidad

Échale un vistazo a tu vida. Si estás dedicando la mayor parte de tu tiempo y energía al trabajo, quizás con algunos esparcimientos y actividades personales, lo más probable sea que tu estilo de vida no esté propiamente equilibrado. Es fácil posponer la restauración del equilibrio para el futuro, especialmente si eres joven y ambicioso, pero cuando llegues ahí, es posible que descubras que la oportunidad ya se ha ido. Los países desarrollados —y también muchos que están en vías de desarrollo— ya están pagando el precio de vivir desequilibrados, sufriendo epidemias como la obesidad, la diabetes, enfermedades relacionadas con el estrés y las crisis hogareñas. El equilibrio no es simplemente un ideal; es esencial para la salud mental, espiritual y física. Y es del mismo modo importante para el bienestar de los que te siguen.

El liderazgo puede ser visto como un conjunto de pares de atributos construidos sobre una base firme; tal como se emparejan la gracia y la verdad sobre la base del amor. Podríamos añadir otros ejemplos para incluir algunos pares que son complementarios y algunos, que aparentemente, parecieran contradecirse mutuamente. Un buen liderazgo busca obtener el equilibrio general. Para los fines de este libro formemos algunos pares: Competencia y conducta; ética laboral y equilibrio personal; iniciativa y proactividad; liderar a seguidores y armar equipos; y finalmente, una actitud de poder hacerlo todo y manejo de riesgo. Todos estos podrían ser muy importantes. La base para todos ellos debe ser la *integridad* y la *visión*. La integridad no es negociable. Decir la verdad, escoger lo más difícil pero correcto en vez de lo más fácil pero incorrecto, y el comportamiento ético, es vital en esta larga guerra contra un enemigo que no se rige por los mismos estándares de conducta. No debemos tomar el camino de la conveniencia y la ética circunstancial, siguiendo a nuestro enemigo hasta el abismo. La otra base para todos estos pares, sin importar el título de líder, es la visión. Ella provee dirección, un camino hacia el destino deseado. Los seguidores están constantemente moviéndose en alguna dirección, hacia delante, hacia atrás o para donde los lleve el viento. Los líderes deben proveer esa visión de excelencia para que sus seguidores se muevan en direcciones constructivas. Ser líderes con integridad que puedan proveer una visión para sus delegados, sin importar cuántos sean, es uno de los requisitos básicos para un liderazgo exitoso. El liderazgo de calidad, como veremos en los siguientes pares de atributos, permitirá a nuestros seguidores llegar a ser la mejor y más eficaz potencia que el mundo jamás haya visto.

Competencia y conducta personal

Si tomamos cada uno de los pares sugeridos tenemos que decir que el primero se refiere a la *competencia* y a la *conducta personal* del líder. Ser competente significa estar preparado y ser un dirigente estratégicamente capacitado. En un mundo constantemente cambiante, incluyendo una transformadora manada de seguidores, la competencia individual requiere de un compromiso permanente con el aprendizaje.

Los líderes deben tener curiosidad intelectual y espiritual, y deben ser receptivos al cambio. En este mundo postmoderno los perros viejos que no pueden aprender trucos nuevos llevarán al fracaso a sus seguidores o los convertirán en individuos irrelevantes. La conducta personal se refiere a cuán bien personifica el líder los estándares individuales y la disciplina esperada por todos los seguidores: El bienestar físico, mental, espiritual y moral son vitales; de otra manera, los seguidores podrían inferir que los estándares son solamente guías y que no son lo suficientemente importantes para ser seguidos.

Varios autores han tratado de explicar conceptos usando cuadrantes. En este caso se hicieron algunas adaptaciones para poder explicar mejor las aplicaciones.

COMPETENCIA Y CONDUCTA

CONDUCTA

C		Mala	Buena
O			
M		Líderes competentes, pero no se	Excelentes líderes que dirigen
P		les puede confiar para hacer lo	con el ejemplo
E	**Buena**	correcto	Líderes ofensivos y escanda-
T		Lideran con competencia, pero	losos
		cometen atrocidades morales	
E		Terribles cualidades morales y	Líderes sin sustancia
N		además incompetentes	Pueden ser carismáticos pero
C	**Mala**	Definitivamente no dignos de	lideran sin mucha dirección o
I		seguir	integridad
A			

El cuadrante de la derecha es una forma de ver el par competencia y conducta para un líder. El cuadro superior derecho es donde todos los líderes deben procurar estar. **Con todos estos atributos de liderazgo, la mayoría de los líderes nos encontramos de vez en cuando coqueteando ya sea en la esquina superior izquierda o la inferior derecha, por lo que tenemos que amarrarnos los cordones y regresar al campo de juego.**

En estos pares, un líder con un alto grado de competencia pero mala conducta personal probablemente dirigirá a actos de indisciplina o hasta atrocidades. Su incompetencia llevará a sus seguidores al desastre.

Trabajo y familia

El segundo par de atributos de los líderes —*ética laboral* y *equilibrio de vida*— se refiere al equilibrio necesario entre las demandas de la congregación y las necesidades de la familia, los amigos y otros intereses. En realidad, la balanza se inclinará de manera significativa hacia la congregación si los líderes sólo tratan de sacar el tiempo necesario para mantener a los seguidores funcionando bien y pensando con claridad. Sin embargo, la salud prolongada de una congregación depende de líderes que puedan encontrar el equilibrio perfecto entre el trabajo y los intereses personales. Un líder puede llegar a ser el mejor en su área y al mismo tiempo ser un gran hombre o mujer de familia. Si forzamos a nuestros jóvenes líderes a escoger entre uno u otro, muchos de los líderes realmente buenos escogerán la familia y dejarán el ministerio.

Un líder que trabaja constantemente hasta las 9:00 de la noche en la oficina no dejará otra impresión en su congregación que está atestado de trabajo, que es ineficiente o que a su vida le falta equilibrio. Debemos juzgar nuestras habilidades de liderazgo por la calidad y la eficiencia de nuestro trabajo, y no por las horas que duramos realizándolo. La calidad de trabajo, y no la cantidad de horas, es lo que le permite a un líder tener tiempo personal y familiar sin sacrificar la preparación de la congregación. Todos los líderes necesitan tener intereses externos que les permitan recargar sus baterías y estar listos para cuando se les necesite. La vida del ministerio es una maratón con intervalos de velocidad y de pasos lentos —el ritmo es vital para el éxito—. La parte superior derecha de esta tabla contiene a los líderes trabajadores y dedicados que, aun así, invierten el tiempo necesario para ser buenos esposos, padres, entrenadores de ligas menores y cosas por el estilo. Aquellos que favorecen sus intereses externos por encima de la congregación se convertirán en líderes de «9 a 5», que ven la congregación como si se tratara de un trabajo definido por el reloj, cuando todos sabemos que exige mucho más que eso. Aquellos que prefieren el trabajo hasta llegar a perder el equilibrio son los adictos al trabajo, que pueden sacar de la congregación a sus mejores y más brillantes seguidores simplemente por su ejemplo personal. Aquellos que son mediocres en ambos atributos tienden a no tener éxito en ninguna de sus labores.

Iniciativa y proactividad

El par siguiente se refiere a cómo enfrenta nuestro líder los problemas y cómo genera soluciones. La *iniciativa* y la *proactividad* son vitales para el éxito en las guerras de adaptación. Aunque suenan similares, necesitamos definir la iniciativa como la habilidad para reconocer que un problema existe y, sin muchas consideraciones, dar pasos para mitigarlo o lograr el éxito en una situación dada. Es tener la habilidad para empezar y continuar enérgicamente con un plan o tarea, tomar el control y lograr que se lleve a cabo.

La proactividad se refiere a la necesidad de que los líderes piensen y actúen para resolver los problemas que se presenten a largo plazo antes de que se vuelvan urgentes. Se trata de desarrollar la habilidad de observar un plan o una situación y crear estrategias «en caso de...» y emplear medidas de prevención para lidiar con los problemas que puedan surgir. Los seguidores se benefician en gran manera de los líderes que tienen la habilidad de anticiparse a las dificultades y que toman medidas proactivas. Moisés enfrentó un reto similar cuando leemos en Éxodo 18.13-27 que su suegro lo ayudó a hasta cierto punto a tomar la iniciativa y a ser productivo identificando a otros líderes. Leamos:

Aconteció que al día siguiente se sentó Moisés a juzgar
al pueblo; y el pueblo estuvo delante de Moisés desde
la mañana hasta la tarde. Viendo el suegro de Moisés
todo lo que él hacía con el pueblo, dijo: ¿Qué es
esto que haces tú con el pueblo? ¿Por qué te sientas
tú solo, y todo el pueblo está delante de ti desde
la mañana hasta la tarde? Y Moisés respondió a su
suegro: Porque el pueblo viene a mí para consultar a
Dios. Cuando tienen asuntos, vienen a mí; y yo juzgo
entre el uno y el otro, y declaro las ordenanzas de
Dios y sus leyes. Entonces el suegro de Moisés le dijo:
No está bien lo que haces. Desfallecerás del todo,
tú, y también este pueblo que está contigo; porque
el trabajo es demasiado pesado para ti; no podrás
hacerlo tú solo. Oye ahora mi voz; yo te aconsejaré,
y Dios estará contigo. Está tú por el pueblo delante
de Dios, y somete tú los asuntos a Dios. Y enseña
a ellos las ordenanzas y las leyes, y muéstrales el
camino por donde deben andar, y lo que han de hacer.
Además escoge tú de entre todo el pueblo varones
de virtud, temerosos de Dios, varones de verdad, que
aborrezcan la avaricia; y ponlos sobre el pueblo por
jefes de millares, de centenas, de cincuenta y de diez.
Ellos juzgarán al pueblo en todo tiempo; y todo asunto
grave lo traerán a ti, y ellos juzgarán todo asunto
pequeño. Así aliviarás la carga de sobre ti, y la llevarán
ellos contigo. Si esto hicieres, y Dios te lo mandare,
tú podrás sostenerte, y también todo este pueblo irá
en paz a su lugar. Y oyó Moisés la voz de su suegro,
e hizo todo lo que dijo. Escogió Moisés varones de
virtud de entre todo Israel, y los puso por jefes sobre
el pueblo, sobre mil, sobre ciento, sobre cincuenta, y
sobre diez. Y juzgaban al pueblo en todo tiempo; el
asunto difícil lo traían a Moisés, y ellos juzgaban todo
asunto pequeño. Y despidió Moisés a su suegro, y éste
se fue a su tierra.

Como se puede ver en este pasaje, si no se tiene iniciativa y proactividad, la congregación del líder sufrirá considerablemente. Cuando la congregación es liderada sin iniciativa, todo recae sobre los seguidores o desfallece a causa de la negligencia. Cuando una congregación es liderada sin proactividad, pareciera como si el cabello de todos se estuviera incendiando, pero sin embargo las enmiendas son dejadas para última hora. Ambas situaciones son extremadamente desalentadoras para los seguidores y no permiten que una congregación esté preparada para los rigores de la vida, por lo que al no reaccionar o estar preparados puede llevar a problemas aun mayores. Sin embargo, una congregación con líderes que son proactivos y llenos de iniciativa, puede adaptarse exitosamente e innovar el ministerio.

Cómo liderar y desarrollar a los demás

Hay diferentes habilidades necesarias para *liderar y desarrollar a los demás* de manera efectiva; ambas son importantes; es así como la congregación se desenvuelve en ausencia del líder o cuando el líder se ha ido por alguna razón. Al igual que sucede con los otros pares de atributos, es posible ser bueno en uno y al mismo tiempo negligente con el otro. Este par muestra las cuatro combinaciones. Hay congregaciones con seguidores bien entrenados que se desmoronan cuando se va el líder principal. Este líder creó una dinámica dependiente dentro de la congregación e hizo que los seguidores dependieran de él para tener dirección y motivación. Una congregación así se desmorona si el líder cae. Sin embargo, el líder puede concentrarse de manera fuerte en la construcción de un equipo sin desarrollar a los individuos; esto trae como consecuencia una congregación que exige más de lo que sus seguidores pueden dar, causando frustración y mal desempeño como equipo. Desarrollar bien a los seguidores y establecer equipos de alta calidad son aspectos necesarios para el éxito permanente del liderazgo.

Aceptar desafíos. El par final a considerar es el equilibrio entre una actitud positiva *impetuosa* y la habilidad para reconocer y *mitigar el riesgo*. Una congregación debe ser dinámica y creciente. La única garantía es que en casi todos los casos, la congregación no tendrá exactamente el personal adecuado, el equipo o los recursos para una tarea dada. La clave del éxito, entonces, depende de la actitud y de una prudente improvisación.

Las congregaciones necesitan líderes que vean en cada situación una oportunidad y no sólo un reto. Apreciamos a los líderes que piensan «positivamente» primero y después trabajan para resolver los retos, más que aquellos que por instinto piensan «negativamente» y después deben ser empujados para que actúen. Los ingenieros dicen: «¡Essayons!» (Intentémoslo, en francés.). Los líderes afirman: «Síganme». Hagámoslo juntos y en equipo desarrollando el optimismo y la actitud de «poder hacerlo todo juntos». Nuestras congregaciones necesitan este tipo de liderazgo.

Recuerdo nuestra experiencia en Waukegan, Illinois. Laborábamos en una congregación en la que muchas de las personas eran indocumentadas. Muchos de ellos creían que por su estatus legal nunca podrían hacer nada importante. El equipo de liderazgo se reunió y anunció: «Construyamos nuestro propio edificio. Luchemos por una reubicación y los permisos. Hagamos recolectas y mucho más». Y así se hizo. Un líder exitoso no debe aventurarse a ser otro idealista loco, que en medio de la euforia lleva a su congregación al desastre. Reconocer y mitigar los riesgos son aspectos vitales para alcanzar el éxito. En la Primera Guerra Mundial, los franceses probaron que *élan* (el espíritu marcial) y los ataques directos podían rara vez superar a las armas bien ubicadas. La actitud debe ir acompañada de la prudencia; el alarde con frecuencia hace que muchos mueran. La seguridad y la convicción es lo que buscamos en nuestros seguidores. Se trata de enseñar a los líderes a manejar activamente el riesgo, no a evitarlo por completo. Nuestro negocio es inherentemente riesgoso y, por consiguiente, debemos entrenar a nuestros líderes para que sean responsables de los riesgos y para que den los pasos necesarios para minimizar su impacto. En los últimos pares de atributos, vemos que los líderes con actitud positiva de «poder hacerlo todo» y con una buena habilidad para manejar riesgos tienen como resultado congregaciones que pueden cambiar culturas.

En el otro extremo, el pesimismo y el evitar por completo los riesgos o la aceptación de ellos, es lo que buscamos en nuestro enemigo. El optimismo sin una sana consideración sobre los posibles riesgos puede llevar al desastre. El pesimismo y evitar los riesgos nos estanca. Este mundo necesita que las congregaciones se levanten, pero raramente esto sucede a menos que la situación esté completamente en las últimas. En este mundo nuestras congregaciones no pueden darse el lujo de esperar que se den las condiciones ideales, ni cuentan con la suficiente mano de obra para confiar en que otras congregaciones harán el trabajo.

Tienen una actitud impetuosa y no evitan los riesgos, los enfrentan

Alcanzar el éxito en la ardua batalla espiritual exige que los líderes sean flexibles, profesionales, éticos y capaces de preparar equipos ganadores. Tener integridad y visión son requisitos básicos para todos los líderes. Debemos basarnos en la verdad de las Escrituras. Debemos también proveer sentido y dirección a nuestros seguidores para que entiendan el camino y los objetivos de la congregación. Los líderes hacen que el trabajo se lleve a cabo y preparan a sus congregaciones para el éxito cuando: son competentes y demuestran una conducta personal sobresaliente. Trabajan fuerte, pero mantienen un sentido de equilibrio en la vida. Son agresivos y al mismo tiempo amigables. Desarrollan a sus seguidores y forjan equipos ganadores. *Tienen una actitud impetuosa y no evitan los riesgos, los enfrentan.* A los líderes se les confían hombres y mujeres, los cuales son el tesoro de Dios, y debemos siempre trabajar duro para merecer ese privilegio y confianza. Debemos ser líderes ofensivos y escandalosos.

Capítulo 2
La verdad ofensiva

E l adjetivo «ofensiva» no le hace justicia a la verdad que proclamamos, que espero sea también la que estamos viviendo. Déjame explicarte. Hace cuarenta años, antes que la cultura postmodernista fuera tan fuerte, la verdad se descubría. En otras palabras, un científico se metía en un laboratorio y colocaba una gota de agua bajo el microscopio y descubría H_2O (la composición química del agua) y se la enseñaba al mundo. Hoy la verdad es creada. Según la cultura postmoderna cada persona tiene el derecho de crear su propia verdad debido a que esta se ha reducido a diferencias de opinión. Hoy en día la verdad absoluta es considerada inexistente. Josh McDowell, en su libro *Es bueno o es malo* afirma que las implicaciones para el liderazgo son importantísimas. En cierta ocasión hablaba con una pareja de abuelitos de este tema y ellos me comentaban que cuando eran adolescentes y alguien fallaba en la iglesia o caía en pecado, todos concluían que esa persona no había aplicado la verdad a su vida. Sin embargo, hoy cuando una persona falla la nueva generación concluye que la verdad no funciona o no sirve. El postmodernismo ha preparado el camino para que la verdad que nosotros proclamamos suene tremendamente ofensiva (explicaré esto en detalle más adelante). Por otro lado, a veces esta verdad es aun ofensiva para aquellos que la conocemos.

En el año 2001 capturaron a un violador de niños. El hombre había secuestrado y abusado sexualmente a más de nueve chicos. Fue sentenciado a muerte. Antes de morir hizo una declaración ofensiva para muchos. «Agradezco a mi Dios por perdonar todos mis pecados incluyendo los asesinatos y las violaciones. A todas las familias que herí les pido me perdonen así como Dios me ha perdonado». Para muchas personas la pregunta es: ¿Cómo es posible que alguien tenga la osadía de hacer manifiesta tal declaración después de todo el dolor causado a tantas personas? Increíble, pero por muy ofensiva que esta verdad nos parezca sigue siendo verdad. Esta realidad también tiene ramificaciones con el tema de la música. Muchas veces escucho «cristianos» decir que no es correcto que una emisora «cristiana» pase música de cantantes no «cristianos». Su explicación es básicamente el razonamiento erróneo de valorar la verdad por quien la canta. Recuerdo haber hecho un ejercicio en una conferencia de pastores en donde compartí un video musical en el que no aparecía el cantante pero todas las imágenes eran coherentes con la letra del video musical. Al final del video les pedí a los pastores que trataran de identificar qué partes del video (y la letra) no era verdad. Además les pedí qué trataran de identificar al cantante. Por supuesto que TODO el video tenía un contenido consecuente con la verdad de Dios y nada era fuera de lo correcto. Todos los pastores estuvieron de acuerdo en que el contenido era verdad. A la hora de tratar de identificar al cantante algunos de ellos hasta sugirieron que podría ser algún profeta todavía no conocido. La verdad es que no era ningún profeta o salmista o artista cristiano. Era Juanes, el cantante colombiano que también canta cosas cuestionables pero el contenido de esa canción en particular era verdad. La pregunta es si el hecho que la cante Juanes cambia la naturaleza de la verdad. ¿Me explico? La verdad es verdad no importa quién la diga o quién la cante.

En realidad, la verdad es independiente del instrumento que la porta. En otras palabras, la verdad es verdad no importa quién la comunique. Sería igual que sugerir que depende de quién maneje mi auto para definir el valor y la efectividad de sus características motoras. Es similar a sugerir que si alguien que no es un conductor maneja mi carro, este es menos carro y no puede ser usado para llevarme de un lugar a otro porque alguien que no es chofer lo está manejando. ¿Acaso la verdad cambia su valor o efectividad por la persona que la comunica? Esta pregunta por supuesto tiene que ser evaluada a la luz de la propuesta de la interpretación contextual (conocida en los círculos eruditos como hermenéutica contextual). La verdad es «objetiva» pero ¿podría el método afectar la efectividad de la transmisión de esa verdad? (Observa el problema lingüístico de Suassure.) Es por eso que sugerimos un enfoque a la verdad a través del arte de hacer preguntas hermosas.

Durante los últimos veinte años me he embarcado en un viaje junto a algunos de mis más cercanos amigos en el ministerio. Ellos están involucrados en el trabajo con jóvenes de alto riesgo en lugares muy difíciles. Hemos estado tratando de encontrar cuál es el verdadero significado de ser legítimos, sinceros, compasivos y transformadores en lo que hacemos. Decidimos que íbamos a comenzar a reunirnos con regularidad para pensar y reflexionar acerca de lo que hemos aprendido y experimentado junto a los demás en este peregrinaje. Comenzamos tratando de hacer preguntas que pudieran derivar algunas respuestas en la búsqueda de una teología que pueda sostener de forma eficaz nuestro trabajo en lugares difíciles. Planteamos nuestras preguntas con temor y temblor porque no teníamos ni idea de cuáles iban a ser las posibles respuestas. Teníamos una corazonada de cuáles podían ser las preguntas pero, siendo franco, no estábamos muy convencidos de tener una idea clara acerca de las preguntas que íbamos formular.

Después de buscar un poco en la Biblia, nos dimos cuenta de que el salmista hace una pregunta hermosa en el Salmo 137.4: «¿Cómo cantar las canciones del Señor en una tierra extraña?» (NVI). El escenario de este salmo es Babilonia, cuando los israelitas fueron arrancados de su tierra y se les dijo que buscaran la paz y la prosperidad de sus opresores. ¿Cómo iban pues ellos a cantar las canciones del Señor, canciones de gracia, misericordia y amor, en una tierra extraña y oscura? Esa es la misma pregunta que nos hemos estado haciendo en América Latina, en contextos a veces oscuros y extraños como las prisiones de los pandilleros, las calles donde deambulan los jóvenes, las prostitutas adolescentes y hasta las familias en una pobreza cruenta. El hecho de aprender a formular preguntas hermosas nos ha provisto la melodía adecuada para poder entonar las canciones de Dios en tierras extrañas.

El famoso y aclamado poeta inglés E. E. Cummings escribió: «La hermosa respuesta siempre está precedida por una pregunta más hermosa». ¿Realmente crees en eso? Si creyéramos como comunidad que una pregunta hermosa es mucho más importante que una respuesta bien formulada, entonces nuestros ministerios de jóvenes serían mucho más efectivos. La creencia aquí es que las preguntas hermosas revelan respuestas hermosas. Si realmente creyéramos eso, los cristianos seríamos los mejores formuladores de preguntas en el mundo. ¿Eres tú un preguntón por naturaleza? He llegado a creer con todo mi corazón que un ministerio profundo y altamente exitoso es el que aprende a formular preguntas hermosas. Esto viene de la convicción de que las respuestas hermosas son provocadas por preguntas igualmente hermosas.

Actualmente estamos en el proceso de hacerles preguntas hermosas a los mareros (nombre que se les da a los pandilleros en América Central y dondequiera que ellos residen, por ejemplo en Estados Unidos) activos, recluidos en las prisiones de Ciudad de Guatemala. Pero antes de hacer eso, aprendí este principio mientras viví en Filadelfia, tratando de trabajar con traficantes de drogas en las calles de nuestro vecindario. Muchas de las iglesias locales iniciaron «marchas antidrogas» tratando de rescatar las calles de las manos de dichos traficantes. Nosotros como iglesia también estábamos desesperados por ver un cambio. Sin embargo, no vimos que se produjera ningún fruto como resultado de esas «marchas».

Un día, un joven que recién se había apartado del narcotráfico —en un intento por mejorar su vida—, me invitó a conocer a varios de los muchachos para que me contaran algunas de sus historias. Acepté su invitación viéndola como una maravillosa oportunidad para tratar de hacer algunas preguntas hermosas. Lo hice con la esperanza de poder desencadenar las respuestas hermosas que como iglesia necesitábamos desesperadamente. Durante la mañana, antes de salir para conocer a esos traficantes, me encontré con la historia de Jesús que habla de su interacción con el ciego Bartimeo en Marcos 10. Es en esta historia cuando Jesús hace una pregunta hermosa a Bartimeo: «¿Qué quieres que te haga?»

De pronto me di cuenta, por primera vez, que nosotros como iglesia estábamos haciendo exactamente lo opuesto a lo que Jesús nos estaba mostrando aquí. Habíamos estado acudiendo a Dios pidiéndole que nos mostrara qué hacer para alcanzar a esos narcotraficantes mientras que Jesús estaba tratando de enseñarnos cómo ir directamente a ellos armados con preguntas hermosas. Esa noche les pregunté a los narcotraficantes qué era lo que nosotros, como iglesia, podíamos hacer para bendecirlos. La interrogante que les presenté fue: «Si fueras el pastor de jóvenes de la iglesia de este vecindario, ¿qué harías para evangelizarte a ti mismo?»

Los narcotraficantes me dijeron cuánto les encantaba jugar handbol (juego parecido al fútbol, aunque se usan las manos en vez de los pies), pero que no tenían un lugar apropiado para practicar ese deporte. Me dijeron que a través del handbol podrían ser alcanzados y bendecidos de una forma eficaz. Equipado con esa información, estaba listo para poder encontrar otros dos pastores de la comunidad que desearan asumir un riesgo colectivo para alcanzar a esos jóvenes. Juntos alquilamos las instalaciones de un centro de recreación comunitario y así comenzamos la organización de un torneo de handbol para los narcotraficantes del vecindario. Eso hizo que comenzáramos a ganarnos el respeto de los mismos muchachos a quienes habíamos demonizado y rechazado anteriormente. Como resultado de eso establecimos relaciones fuertes con muchos de esos narcotraficantes, de los que varios comenzaron a convertir sus vidas a Cristo.

Por tradición, en la misión de la iglesia acudimos a Dios tratando de encontrar *qué* hacer, luego vamos al mundo para tratar de encontrar *cómo* hacerlo. Cuando formulamos preguntas hermosas el proceso se revierte. Ellas nos permiten ir al mundo a preguntar *qué* hacer. Luego, desesperados acudimos a Dios para saber *cómo* hacerlo. En la esencia de ese cambio se encuentra la transferencia de poder. Dios le dio toda su autoridad y poder a Jesús, que a cambio le dio todo al Espíritu Santo, que después lo dio todo a la iglesia. Sin embargo, ¿a quién le da ese poder la iglesia? Tristemente la respuesta es que no se lo damos a nadie. Hemos roto el fluir de este poder para retenerlo nosotros mismos y no dárselo a nadie. Es más, es a los más desposeídos de poder en su comunidad a quienes la iglesia debería estar dándoselo.

Si quieres ver esto en acción, te reto a que hagas un estudio profundo acerca de las preguntas que Jesús plantea en el Evangelio de Juan. He encontrado hasta setenta preguntas hermosas hechas por Jesús en ese evangelio, donde el poder es transferido y las respuestas hermosas se ven como resultado. Constantemente Jesús les pregunta a las personas a quienes va a sanar qué quieren que haga por ellos. Por supuesto, eso es algo sumamente peligroso para tu ministerio porque significa transferir el poder que tienes al mundo. Lastimosamente cuando la gente no está acostumbrada a tener poder tiende a abusar de éste cuando lo adquieren. Entonces, como hizo Jesús antes que nosotros, tenemos que estar dispuestos a cargar la cruz de su abuso.

La verdadera transferencia de poder significa que vas a hacer lo que la comunidad te diga. Es a través de esas preguntas hermosas que vamos a encontrarlo. Cuando no se hacen preguntas, se niegan las implicaciones de la encarnación de Jesucristo. En nuestra misión como ministerios juveniles tenemos que aprender a liderar empleando las preguntas hermosas, dejando a quienes queremos alcanzar que nos enseñen *qué* hacer. Si cumplimos esa tarea con fidelidad, Dios va a permanecer fiel para decirnos *cómo* hacerlo. El resultado es que aprenderemos a entonar de una forma hermosa las canciones de Dios en «tierras extrañas». Aprenderemos a ser líderes ofensivos y escandalosos.

Toda verdad viene de Dios. Sería correcto decir que aun cuando la persona no tenga credibilidad para hablarla, sigue siendo verdad; no importa quién la diga. También es correcto sugerir que nuestro enemigo es experto en agregar, quitar u omitir ciertas cosas de la verdad pero ni aun el diablo puede quitarle valor o autenticidad a la verdad. La verdad es verdad y punto. Esto también es aplicable a situaciones en las que me he visto involucrado sin buscarlas.

En más de una ocasión se me ha acercado un grupo de chicos después de una conferencia a confesarse conmigo y decirme que están allí sin permiso de sus pastores. En efecto, en muchos casos están en franca desobediencia a lo que el pastor les pidió. Hace poco estuve en una ciudad en Sudamérica en la que alguien me dijo que su pastor les había prohibido ir a la conferencia porque yo estaría dando las pláticas. Mi pregunta inmediata fue: ¿Y de qué o de quién tiene miedo el pastor? La respuesta obvia es que no le teme a nada ni a nadie, sino que no quiere que los jóvenes sean «mal adoctrinados», o sea, confundidos con mis conceptos e ideas. Interesante porque si ellos creen en la verdad que les enseñan a los chicos tendrían que además confiar que esta verdad los protegerá de la mentira o de cualquier idea o concepto falso.

Permítanme regresar al tema e intentar explicar el reto que enfrentamos al proclamar esta verdad agresiva y sus implicaciones para un liderazgo ofensivo. Pensemos por un momento lo que ha sucedido en los últimos años respecto a obras literarias y películas que tratan de desacreditar la veracidad de la Palabra de Dios (ej.: *El código Da Vinci*). Muchos cristianos corrían como locos reaccionando en contra de esos esfuerzos vacíos y ridículos. En cierta ocasión me entrevistaban en cierto programa de televisión durante el período en el que había salido el libro y la película mencionados. Me preguntaron qué pensaba del código Da Vinci. Mi respuesta fue: «Preguntarle a alguien que conoce un poco la verdad (la Palabra de Dios, la Biblia), qué piensa del código Da Vinci es igual que preguntarle a un biólogo marino qué piensa de la película *Buscando a Nemo*». Su respuesta sería: «La película (caricatura) es bonita, pero hablemos de algo real y más importante». Igual sería el comentario tocante al código Da Vinci. «Es una novela y está bien hecha, pero hablemos de algo que sea cierto y que valga la pena». Un planteamiento tremendamente importante sería: Si tanto creemos en la verdad, ¿por qué le tenemos tanto miedo a la mentira? Esta epidemia en el pensamiento respecto a la verdad se complica cuando nos damos cuenta de que estamos tratando de comunicársela a una generación que adoptó el concepto de que la verdad es simplemente diferencias de opiniones. Esto básicamente se puede entender si te pregunto: ¿Qué sabor de bebida prefieres: naranja, chocolate o fresa? Supongamos que prefieres fresa. Luego te pregunto: ¿Quién ha sido el mejor jugador de fútbol: Pelé, Maradona o Zizane? Y optas por Pelé. Para terminar te pregunto: ¿Cuál de estas tres cosas es mala: comer, dormir, matar? Tú respondes matar. La primera pregunta tocante a la bebida tiene que ver con el *gusto*, ¿qué sabor de bebida prefieres? La segunda pregunta tiene que ver con la *opinión*, ¿quién ha sido el mejor jugador de fútbol? *La tercera pregunta no tiene nada que ver ni con gusto ni con opinión.* Tiene que ver con una categoría totalmente diferente. ¿Cuál de estas tres cosas es mala: comer, dormir, matar? Esta interrogante tiene que ver con bueno o malo, falso o verdadero. Esta categoría no tiene nada que ver con gusto u opinión. Sin embargo, haciendo una encuesta sencilla entre los cristianos nos dimos cuenta de que la mayoría de las personas toman decisiones utilizando las dos categorías mencionadas: gusto y opinión.

Esto no quiere decir que es malo tomar decisiones utilizando esas categorías, siempre y cuando no se confundan cuando es indispensable saber qué es bueno o malo, falso o verdadero. Esto nos lleva a otro reto y tiene que ver con la terrible secularización de muchas cosas que nunca fueron seculares. En otras palabras, nos dedicamos a categorizar las cosas en lugar de darles las herramientas a nuestros seguidores para que aprendan a distinguir entre lo bueno y lo malo. Pondré el siguiente ejemplo para explicar lo que tengo que decir. ¿Me pregunto si el papel usado para imprimir este libro es papel cristiano o secular? ¿Me pregunto si el café que tomaste esta mañana es cristiano o secular? El transporte que usaste hoy, ¿es cristiano o secular? Los billetes (el dinero), ¿son cristianos o seculares? Aun más importante. La verdad, ¿es cristiana o secular? ¿Es acaso necesario crear nuestra propia educación cristiana? ¿Acaso no es cierto que toda educación bien hecha es cristiana? ¿Acaso existe la matemática cristiana? ¿O la biología cristiana? ¿La ciencia social cristiana? ¿La antropología cristiana? La respuesta es absolutamente no. Solamente existe la matemática bien hecha o mal hecha y así es con toda la ciencia. ¿Existe ciencia bien hecha o mal hecha? La verdad es que toda ciencia es por definición bien hecha porque está llena de verdad.

Si trabajo la antropología bien llegaré inevitablemente a entender mejor al hombre (criatura) y como resultado podré conocer mejor al Dios (Creador) de la criatura. Parte de nuestro problema es que nuestra teología (nuestro esfuerzo por crear un sistema para conocer mejor la Biblia) contradice la ciencia todo el tiempo. Cuando eso sucede las posibilidades son tres. Si encontramos que nuestra teología y la ciencia se contradicen, eso quiere decir que:

A.   Nuestra teología está bien hecha y la ciencia mal.
B.   Nuestra teología está mal hecha y la ciencia bien.
C.   Nuestra teología y nuestra ciencia están mal.

Si practico cualquiera de las dos (teología y ciencia) en una forma responsable, sincera y honesta llegaré a la misma fuente. Ya que si la teología es nuestro esfuerzo por conocer la Biblia (que viene de Dios) las ciencias son nuestro esfuerzo por conocer mejor la creación, que también viene de Dios. Por lo tanto, es casi ridículo tener que categorizar y decir cristiano o secular ya que está terminología no es ni siquiera congruente con lo que Dios es. Nuestro Dios es dueño de todo y no hay por qué darle al diablo cosas que nunca le han pertenecido. Sin embargo, hoy tenemos toda una generación de líderes que han optado por categorizar y entregarle todo al diablo. El rock del diablo, el tatuaje del diablo, la falda del diablo, el reguetón del diablo, los aretes del diablo, el cine del diablo... todo del diablo. Yo creo que el diablo dejó de robar el día que los cristianos le empezamos a regalar todo. El diablo no es dueño de nada.

No obstante, seguimos dándole cosas que nunca le pertenecieron. Creemos en la verdad pero no confiamos que realmente puede hacer a las personas libres y que es un agente independiente de cambio, no importa quién o qué la diga. Esto, por supuesto, también implica que mi fe no es lo que comprueba la veracidad de la verdad. Tenemos que estar bien claros en cuanto a la fuente de la verdad. Si realmente creemos que la verdad se personificó en la persona de Jesús, entonces tenemos que reconocer que Él fue muy ofensivo en cuanto a sus principios y valores con todos aquellos mentirosos, religiosos, conformistas e hipócritas de su tiempo.

Ahora amerita hacer una aclaración: la naturaleza ofensiva de la verdad no tiene nada que ver con nuestras propias idiosincrasias e inmadurez o ignorancia. Por ejemplo, no se justifica ofender a un homosexual tratándolo como que si su pecado fuera peor que el diácono que codicia a la esposa del pastor. ¿Qué es peor: la atracción homosexual de un hombre hacia otro hombre o la atracción adúltera de un hombre hacia una mujer? La verdad es que son iguales delante de Dios, pero nuestra ignorancia nos ha llevado a ofender a los homosexuales cuando los tratamos como que si su pecado fuera peor que otras cosas que también se dan en las congregaciones.

Mi punto es que no podemos justificar un mal trato a nuestro semejante escondiéndonos en el concepto de que la verdad ofende. Claro que la verdad será ofensiva cuando su naturaleza llena de luz traspase la mentira y la obscuridad. Pero a esto tenemos que agregarle el reto cultural que enfrentamos como líderes. Básicamente les estamos hablando el mismo idioma a nuestros seguidores (español, inglés, alemán, francés, portugués) y, sin embargo, ellos nos entienden las palabras diferentes. Permítanme que me explique. En cierta ocasión entré a la biblioteca de la universidad no cristiana donde doy clases. Esta universidad no es la que tengo el honor de dirigir. La universidad a distancia FLET (www.flet.edu) es la única institución de ese tipo acreditada por la prestigiosa agencia DETC (Distance Education Training Council, en Washington D.C.). La otra es una universidad a la que llegan estudiantes de todos los trasfondos y creencias.

Allí encontré a un chico viendo pornografía en Internet. Mi primera reacción fue preguntarle si sabía lo dañino que eso podía ser para él. El chico me miró con desprecio y sin dudarlo me dijo: «¿Quién es usted para decirme lo que debo hacer? Yo vivo en un país libre... puedo hacer lo que yo quiera, cuando yo quiera y como yo quiera». ¿Suena esto a libertad? A mi entender esta es la definición de *caos* y *desorden*. ¿Puedes imaginarte el tráfico utilizando esta definición de libertad? ¿Puedes imaginarte a los jóvenes que creen que la libertad es hacer lo que ellos quieran, como quieran y cuando quieran? Créeme, muchos de ellos ya lo consideran así. Cualquier cosa que parezca frenarlos de su muy distorsionada definición de libertad, queda descartada de su vida. Otra palabra que describe esta definición es la palabra «libertinaje». Más que nunca los jóvenes necesitan saber qué es la verdadera libertad. Si utilizan esta definición del joven, serán esclavos del pecado y del error.

> *Jesús les respondió: De cierto, de cierto os digo, que todo aquel que hace pecado, esclavo es del pecado. Y el esclavo no queda en la casa para siempre; el hijo sí queda para siempre. Así que, si el Hijo os libertare, seréis verdaderamente libres.* (Juan 8.34-36)

¿Cuál es esta verdadera libertad de la que Jesús está hablando? La libertad que Jesús da es la verdadera libertad. Pero, ¿qué es libertad? Libertad es: Saber lo que es correcto y tener el poder para hacerlo.

¿Cuántas personas saben lo que es correcto, pero no tienen el poder de hacerlo? El Espíritu de Dios trae verdadero poder porque nos da la sabiduría para saber lo que es correcto y además nos da el poder para hacerlo. Hoy más que nunca los jóvenes deben saber que cuando Dios les da libertad también les da límites. Cuando Dios dice «no», no es porque no quiera que nos divirtamos.

En los últimos veinte años esta palabra ha cambiado de significado drásticamente. A tal punto ha llegado la nueva definición de verdad que muchos jóvenes creen que no existe la verdad absoluta. Como lo afirmó una chica de dieciséis años en un video que hicimos entrevistando a los chicos para que nos dijeran una definición de verdad: «No existe una verdad concreta que todos podamos seguir porque somos distintos». ¿Puedes creer esta mentira? La filosofía postmodernista hizo un excelente trabajo engañándonos con el relativismo. No solamente la moralidad es relativa dicen ellos, también la verdad. Hoy en día la verdad ya no se descubre. Años atrás los científicos entraron en sus laboratorios y descubrieron que el agua, por ejemplo, es una combinación de hidrógeno y oxígeno. Descubrieron algo cierto y se lo enseñaron al mundo. Pero hoy la verdad se crea, no se descubre. Eso quiere decir que tú creas tu propia verdad y yo creo mi propia verdad, pero tu verdad no es mi verdad y mi verdad no es tu verdad y, por lo tanto, no hay verdad. En otras palabras, me paro en medio de un grupo juvenil a predicarles la verdad y ellos dicen entre sí: «Esa será tu verdad, pero no es la nuestra». Entonces surge la pregunta cuestionando si el postmodernismo abre la puerta para que «nuestra verdad» se pueda exponer con más libertad.

¿Cómo afecta esto a los jóvenes de hoy? En un estadio les preguntamos a unos diez mil jóvenes cuántos creían que mentir era malo. Todos contestaron que era malo, aunque muchos decían «depende». Luego les preguntamos: ¿Qué harían si se encontraran en una situación de la cual pudieran escapar diciendo una mentira?

Todos dijeron que mentirían. Así que, diez mil creen que mentir es malo, pero esos mismos diez mil mentirían si fuera conveniente para ellos. ¿Ves algún problema? El problema está en que hoy la verdad se ha convertido en sólo una diferencia de opinión. Con razón en la actualidad no hay convicciones en muchos jóvenes porque todo se ha reducido a gusto y opinión, como ya mencionamos.

¿Qué pasó con la moral y la inmoralidad? Hoy la inmoralidad ya no es tal cosa sino un estilo alternativo de vida. Hoy lo bueno y lo malo ya no es bueno ni malo sino es lo que funcione para ti. La verdad es diferencia de opiniones. NO ES ASÍ. Todo esto para llegar a reafirmar que tenemos que cambiar la forma de comunicar la verdad de Dios. Aunque esta parezca ofensiva, no vamos a esconderla ni tratar de adornarla o manipularla. Sí es importante aclarar que tendremos que contextualizarla o hacerla entendible, dependiendo del contexto en el que nos encontremos.

¡Algunas veces la verdad duele! Preferimos decir una mentira antes que la verdad puesto que esta puede ser ofensiva. Ser correcto y decir la verdad puede herir sentimientos y dañar relaciones. Muchas personas, en nombre del llamado liderazgo fuerte, se sienten bien usando la verdad de manera ofensiva. Disfrutan lanzándole la verdad a la gente de forma que los ofenda y los haga retroceder. Jesús no era esa clase de líder. ¡Ningún líder es tan bueno en todo lo que hace! Jesús, como los profetas, los apóstoles y otros autores de las Escrituras, simplemente identificaron el problema y declararon la verdad como respuesta. Jesús declaró hechos. Contradijo la tradición de los ancianos, escribanos y fariseos, cuyas doctrinas y mandamientos eran de origen humano y no eran iguales a los de la palabra de Dios. Eran mentira. Un artificio. Era una adición a la Palabra de Dios hecha por el hombre para hacer la ley más fácil de cumplir, cuando en realidad era una manipulación legalista, que sólo nubló el problema y enmascaró la verdadera naturaleza del pecado.

Entonces Jesús dijo: «No lo que entra en la boca contamina al hombre; mas lo que sale de la boca, esto contamina al hombre» (Mateo 15.11). Esto es cierto. Jesús ampliaría el sentido exacto de lo que dijo más adelante en el texto. Pero por el momento simplemente declara la verdad. Él no dijo: «Están errados y yo tengo la razón. Ustedes son torpes y yo soy brillante. ¡Ustedes son idiotas y sólo yo he entendido la verdad!» No. No había ningún teatro, ningún orgullo, ninguna acusación. Simplemente declaró la verdad.

Los fariseos y los escribas afirmaban que comer sin lavarse las manos propiciaba la podredumbre. Jesús contestó que no era lo que comemos lo que nos contamina, sino lo que sale de la boca, ¡ese es el problema! Y en contradicción a la tradición y a los maestros de la época, las palabras de Jesús los ofendieron. Pero, por favor, observa esto. No era que Él mismo fuera ofensivo en el modo de presentar la verdad. No tuvo malicia, ni maldijo, ni confrontó. Él no hizo nada para ofender a su manera ni con las palabras que usó. Y, sin embargo, la verdad todavía era ofensiva.

Cuando les dijo la verdad, sus discípulos le confiaron: «¿Sabes que los fariseos se ofendieron cuando oyeron esta palabra?» (Mateo 15.12). A los fariseos no les gustó la verdad. Se sintieron ofendidos. Les pareció que lo que les dijo era molesto. Se irritaron con las palabras que les dijo. Los discípulos pueden haberse preocupado, o quizás no pensaron que Él sabía que se ofendieron por Su respuesta. Después de todo, no había nada en la forma en que habló que fuera ofensivo.

Muy a menudo no aprendemos la lección. Hay líderes que ofenden con la forma en que dicen las cosas. En vez de ver que la palabra de Dios, la verdad en sí misma, confronta a los hombres caídos, engañados y pecadores, piensan que ellos deben ser «celosos guardianes» de la fe. Prefiero pensar en esos charlatanes como que son tortugas que se frenan y gruñen, pero que se esconden de prisa en su caparazón si una amenaza verdadera se acerca.

Ofenden en virtud de su personalidad desagradable, su orgullo, su propia falsa creencia, y su obvia y completa ignorancia. Justo cuando ellos tratan de defender la verdad demuestran por sí mismos que tienen una noción confusa de lo que la verdad realmente es. Están despistados. Es más, la Biblia dice que tienen apariencia de piedad, pero niegan la eficacia de ella. Y la piedad impotente es realmente impiedad.

De nuevo, Jesús no ofendió a propósito. Sólo dijo las cosas. La ofensa era la verdad en sí misma. Aquellos que fueron ofendidos y retrocedieron hasta el hastío lo hicieron así porque su tradición fue atacada y refutada por una simple declaración de la verdad.

No deberíamos sorprendernos cuando la gente alrededor nuestro reacciona a la verdad. Esta va en contra del pensamiento popular, de las modas y del egocentrismo. Deberíamos esforzarnos presentándola con amor, gracia, humildad y compasión. Ya que si la manera en que la presentamos es ofensiva, no hacemos bien el trabajo y quitamos el enfoque de la verdad.

Si tenemos oportunidad de decir la verdad debemos decirla. ¡Y deberíamos hacerlo con mucho cuidado! Deberíamos hacer todo lo posible para que el mensaje, no el mensajero, sea ofensivo. No añadimos nada a la verdad presentándola en una manera ofensiva. La verdad ofende puesto que es ofensiva. Pero es lo que dice en sí misma lo que a veces ofende o confronta. Una de mis propuestas es que, por naturaleza, la verdad cambia las cosas, pero sabemos que para muchos es difícil cambiar. Esta es una de las áreas que me gustaría explorar en este libro. Esperamos mirar algunos paradigmas que tienen que ser considerados si vamos a ser líderes ofensivos y escandalosos.

Si vamos a comunicar la verdad ofensiva haciendo buena teología, vamos a tener que usar mala gramática. Hubo un caso en el que Jesús utilizó mala gramática para comunicar una verdad teológica poderosa. En Juan 8.58 Jesús les dice a los judíos: «De cierto, de cierto os digo: Antes que Abraham fuese, yo soy». Nota que inmediatamente después de esta afirmación con mala gramática lo querían apedrear. Pero no era el aparente error gramático sino la verdad que él estaba comunicando. En el versículo 59 (RV 1909) dice: «Tomaron entonces piedras para tirarle: mas Jesús se encubrió, y salió del templo; y atravesando por medio de ellos, se fué». ¿Por qué estaban tan ofendidos? Una buena teología pero una mala gramática. Jesús básicamente estaba diciendo que era Dios. Jesús usó una mala gramática para básicamente utilizar el nombre de Dios «Yo Soy». Considera otro ejemplo en el pasaje de Isaías 43.19 (NVI):

«¡Voy a hacer algo nuevo! Ya está sucediendo, ¿no se dan cuenta?»

La expresión «Voy a hacer algo nuevo» es en tiempo futuro. Pero el futuro está sucediendo ahora, «Ya está sucediendo». Así que la mentalidad del reino implica ser capaces de ver el futuro ahora. La pregunta hermosa aquí es si podemos o no ver el futuro sucediendo ahora. Nuestro futuro informa en gran manera cómo vivimos el presente.

Voy a = Futuro

Cuándo está sucediendo = Ahora

¿No se dan cuenta? = Pregunta hermosa

«Voy a hacer algo nuevo», ¿qué implica, cuándo? ¡Futuro! «Ya está sucediendo». ¿Ves la mala gramática? Para hacer buena teología tienes que tener mala gramática. Es bueno aclarar que esto no tiene nada que ver con un error en el proceso de traducción. Estos no son errores de los traductores. La idea es divina. Dios mezcla los tiempos verbales. Todos sabemos que no se deben mezclar los tiempos verbales. Pero Dios lo hace y vale la pena tomar nota de esta estrategia divina para comunicar la verdad.

Voy a hacer algo nuevo es tiempo *futuro*. ¿Cuándo sucede el futuro en la economía de Dios? El futuro, de acuerdo a Dios, sucede *ahora*. Y luego plantea la pregunta: ¿Puedes verlo? ¿Puedes verlo? ¿Puedes? ¿Puedes ver el futuro ahora? Eso es lo que significa ser cristiano. Se supone que los cristianos deben ser un grupo particular de personas que ven el futuro ahora. Y podemos vivir el presente a la luz del futuro. Vivimos nuestras vidas de adelante hacia atrás. Los cristianos son las únicas personas que pueden vivir así porque sabemos el final de la historia y que la forma en que vivimos el presente cambia. Una visión clara del futuro cambia la forma en que tú y yo podemos vivir el presente. Nos dirigimos hacia la Nueva Jerusalén (Apocalipsis 21) y la Nueva Jerusalén va a descender de los cielos (que imagen más maravillosa). Ese futuro ha de dar forma a la manera en que vivimos el presente. Ese es el punto. Pero eso podría ser ofensivo para algunos.

Así que queremos invitarte a considerar esta verdad ofensiva y reconocer que necesitas tener la libertad de tener mala gramática. Esta es esencial para hacer buena teología y comunicar la verdad ofensiva de Dios. Amamos la gracia de Dios porque algunos de ustedes tienen pésima gramática. ¿Ves algo nuevo? ¿Cómo ves el futuro ahora? Dime si esto es cierto.

Solamente puedes actuar dentro del mundo que puedes ver

¿Es esto cierto? Otra manera de decirlo en forma negativa es que si no puedes verlo, no puedes actuar en base a ello. La fe es la sustancia de las cosas que no se ven (Hebreos 11.1). Muy bien, así que tal vez podemos actuar en base a cosas que no vemos. Pero ¿en qué forma no se ven? ¿Es la fe en realidad algo abstracto? O, ¿hay un tipo de fe que nos permite ver el mundo invisible? ¿Es cierto? Quiero que trates de pensarlo y decidas. ¿Es cierto? Stanley Hauweras dice algo muy importante cuando asevera que solamente puedes actuar en el mundo que puedes ver.

Ahora, hay varias formas de estar viendo. No es sólo lo que yo puedo ver físicamente. Me puedo imaginar a mi familia. No los puedo ver ahora, pero puedo verlos en la forma que los imagino. Yo diría que la fe siempre es *concreta*. Nunca es algo abstracto; por tanto, sólo puedes actuar en base a lo que puedes ver. Por eso es que Dios pregunta, «¿Puedes verlo (percibirlo)?» Sólo puedes actuar en base a lo que ves. Si no lo puedes ver, no puedes actuar. Si eso es cierto, entonces el cristianismo se trata en esencia de ver correctamente. «Sean transformados mediante la renovación de su mente» (Romanos 12.2). Ser cristianos es ver de una forma particular.

El punto aquí es que solamente puedes actuar en base al mundo que puedes ver y la iglesia a menudo es muy cruel porque le pide a la gente que actúe dentro de mundos que todavía no pueden ver. La única forma en la que podemos actuar es dentro de un mundo que podemos ver, así que lo que vamos a hacer es practicar el ver a través de los ojos de la fe (2 Reyes 6).

La manera en que ves determina cómo actúas. Por eso es que Jesús está tan preocupado con la vista. ¿Puedes ver la Nueva Jerusalén? Porque si no puedes verla, no podrás actuar en base a ella. Todos los mejores principios de desarrollo comunitario en el mundo no te benefician a no ser que puedas ver la realidad de la Nueva Jerusalén, ya que si no puedes verla vas a duplicar a Babilonia. Tu visión de la Nueva Jerusalén te permite pasar el rato en Babilonia. Para algunos de nosotros, las razones por las que no podemos pasar tiempo en Babilonia están atadas al hecho de que no somos capaces de ver la Nueva Jerusalén. La razón por la cual se nos dificulta tanto entrar a las «cosas» de mi vida es porque no puedo *ver* «las cosas» en una forma esperanzadora. Sería tonto ir y pasar el rato con los enemigos de mi vida si no los puedo encontrar como amigos. Este es el evangelio, crear una vista que nos permita ver a los enemigos como amigos. ¿Cómo lo hacemos?

¡Es difícil ver de forma correcta! La vista es el sentido más traicionero. Es más traicionero que el tacto. Más traicionero que el olfato. Por eso es que las personas ciegas tienen los sentidos del olfato y el tacto tan finos que les permite ver el mundo con una claridad que los que ven no tienen. La vista es traicionera. ¿Cómo ves? El trabajo de la iglesia es ver correctamente.

Piensa conmigo en una forma gramatical equivocada pero acertada, si lo puedes ver. ¿Cuál es el papel de la iglesia? ¿Cuál es la labor de la iglesia? ¿Cuál es la obra de la iglesia? Diríamos que la labor de la iglesia es ver a Dios actuando en el mundo. El trabajo de la iglesia no es construir el reino. En ningún lugar se nos llama a construir el reino de Dios. Bíblicamente hablando, es una blasfemia. Yo he sido enseñado a blasfemar. Yo he enseñado blasfemia. Yo he cometido blasfemia. «Voy a ir y *construir* el reino de Dios». ¿Quién eres tú para pensar que puedes construir el reino de Dios para Él? Jesús construyó el reino de Dios. El reino ya está construido. Cada verbo en las Escrituras asociado con el reino de Dios es pasivo. ¿Qué significa eso? «Bienvenido al reino», «Ve el reino», «Testifica del reino», «Ora por el reino». Busca el reino, pero no trates de *construirlo*. ¿Por qué? Porque ya ha sido construido. Así que el trabajo de la iglesia no es ir y construir el reino; por tanto, esto nos debería ayudar a relajarnos un poco. Estas son buenísimas noticias para un montón de personas en alto riesgo que están tan heridas que muchos les ofenden diciendo: «Me caes bien, pero no quiero ser como tú».

Así que, ¿cuál es el trabajo de la iglesia si la construcción del reino ya está terminada? El trabajo de la iglesia es ver a Dios actuando. Y cuando vemos a Dios actuando en el mundo, ¿sabes cuál es tu trabajo? Ser entonces testigos de lo que está sucediendo. Un testigo no puede crear el escenario, todo lo que puede hacer es reportar lo que ve que está sucediendo. Eso es ser un testigo. ¿Juras decir la verdad, toda la verdad y nada más que la verdad? Dinos qué viste. Dinos qué escuchaste. Eso es todo lo que la iglesia puede hacer. Así que la esencia del trabajo de la iglesia es ver a Dios trabajando en el mundo y decir: «*Miren*, ahí está Cristo». Eso nos hará más agradables, ¿lo sabes? Te vuelves más agradable si dejas de tratar de construir el reino. La gente dirá: «Esos cristianos ya no son tan neuróticos». Y así, como testigos, podremos unirnos a lo que Dios está haciendo. Aunque sea ofensivo para otros.

Seguro que podemos construir casas y elaborar programas, pero necesitamos entender que no se trata de construir el reino. Todo lo que estamos haciendo son actividades que dan testimonio del reino. ¿Tiene sentido? Esto cambia todo. Como nos gustaría que de verdad viviéramos en esto. Y si tuviéramos una oración para la iglesia sería: ¡Alto! Relájate por un minuto y tómate el tiempo para que veas lo que Dios está haciendo. ¿Viste a Dios trabajando allí? Oro para que venga y honre nuestro trabajo y, claro que lo hará. Aunque no podamos ver correctamente queremos aprender a relajarnos en el gran trabajo de Dios como testigos del reino que ya está construido. Aun si estás cargado por estar tratando de establecer el reino, Dios honrará tu trabajo *pero no necesitas matarte* tratando de hacer el trabajo de Dios por Él. Tu trabajo es *ver* a Dios trabajando. ¿Puedes verlo? ¿Puedes ver la Nueva Jerusalén desde Babilonia?

En busca de Bobby Fischer es una película interesante. Bobby Fischer era un jugador de ajedrez famoso. En la película hay un niño prodigio de Nueva York con un mentor (Lawrence Fishman). El chico es presentado como el nuevo «Bobby Fischer». El mentor es un jugador de ajedrez con experiencia. También hay un jugador clásicamente entrenado que está enseñándole todo tipo de cosas. Así que tiene dos mentores. Y la clave está al final de la película, cuando el niño está jugando en contra de su archirival. Uno de los mentores dice: «No te muevas hasta que no lo veas». Esta es la cita clave aunque el video está lleno de buenas ideas.

Lo que él hace es imaginarse que el tablero de ajedrez está vacío y que no se está confundiendo con lo que tiene enfrente. Eso le permite ver el tablero en una forma distinta. La idea es que cuando él sea finalmente capaz de vaciar el tablero en su mente también sea capaz de ver el tablero en una nueva forma y pueda ver cómo atrapar a su oponente en doce jugadas. El punto de esto es que algunas veces necesitamos limpiar el tablero y la clave es no movernos hasta que no lo veamos claramente. El problema es que nosotros, como iglesia, queremos movernos antes de que veamos con claridad lo que está frente a nosotros y cuando nos movemos causamos más problemas que bien.

Así que la clave en todo esto es ver una nueva cosa y no movernos hasta que la veamos. Eso es lo que Jesús dice en Marcos 8 (NVI): «¿Quién dicen que soy yo?» y ellos responden correctamente diciendo que Él es el Mesías. Entonces, de inmediato, les dice que no digan nada porque ellos no estaban *viendo* al Mesías claramente y hasta que lo vean deben callar y no decir una palabra. Él dice esto de forma muy seria en el texto. No ven correctamente todavía, por tanto, no digan una palabra. Lo han dicho con su boca, pero todavía no lo *ven* con los ojos de su corazón. Aquí esta la clave.

Veamos un ejemplo de misión:

La iglesia establece programas antes de que podamos ver lo que la comunidad quiere y necesita. Por ejemplo, fijamos los estudios bíblicos para los domingos en la mañana, cuando muchos no creyentes están durmiendo. Y así hay muchos, muchos ejemplos de cómo trabaja la iglesia. El hecho de no ver correctamente lleva a malas respuestas misionológicas. Por ejemplo, la campaña «¡Diga no!» en Estados Unidos, es un ejemplo de que no están viendo correctamente. Esto no quiere decir que estamos en contra de la campañas antidrogas o los esfuerzos de las congregaciones por crear diversos programas. Es el proceso por el cual deberíamos de involucrarnos el que debería de ser evaluado y ser tomado más en cuenta. No podemos solamente crear programas con ideas preconcebidas sin tomarnos el tiempo de darles una mirada a las necesidades. Esta es sólo otra forma de discutir las preposiciones de misión de cualquier forma en que estemos tratando profundamente de fijar (establecer con firmeza) la metáfora de la vista, ya que de eso estaremos hablando a lo largo de la obra. La metáfora de la vista es la médula de esta idea. La mayoría de esta información no es nueva, pero la metáfora es otra forma de discutir y aplicar muchas de las mismas verdades que hemos tocado con anterioridad.

Capítulo 3
La gracia escandalosa

Esta historia la cuenta el doctor Bob Eckblad. Todo empezó con un grupo de inmigrantes que estaban tratando de cruzar la frontera. Es de conocimiento público que el traficante de personas (conocido como coyote, pollero) puede cobrar hasta tres mil dólares por ayudar al ilegal a cruzar la frontera. Por favor, permíteme explicar que estos ilegales representan lo peor de sus ambientes. Eran los ladrones, los violadores, los estafadores, los drogadictos, los mentirosos, etc... Imagínate todo lo malo representado en este grupo de ilegales o indocumentados. Ninguno de ellos tenía las finanzas para pagar un coyote o un traficante o contrabandista, ni mucho menos tenían condiciones para solicitar una visa. Lo increíble fue que el traficante se ofreció a hacerlos cruzar sin cobrarles. En otras palabras, les dijo que cruzar la frontera sería gratis para ellos. Por supuesto, fue fácil no creerle. Así que decidieron tratar por sí mismos sin éxito. No llegaron ni cerca. Una vez más este traficante les ofreció ayudarles a cruzar la frontera. La historia dice que ellos accedieron a la invitación del traficante al reconocer que no podrían hacerlo solos. Pero el coyote se desapareció por tres días. Después de ese tiempo, ya estando los ilegales o indocumentados a salvo en el otro lado, el coyote se apareció con las llaves de su casa y les dijo que todo lo que tenía era de ellos y que tenían acceso a todo lo suyo. Lo escandaloso de esta historia es que todos conocemos a este traficante de personas. Este coyote trabaja entre el país de la ley y el país de la gracia. Porque cuando nosotros vivíamos en el país de la ley y tratábamos de cruzar al país de la gracia, por nuestro propio esfuerzo, vimos que éramos indocumentados e ilegales; no teníamos los recursos para cruzar. Entonces el escándalo de la gracia llegó cuando Jesús, el traficante de personas por excelencia, el buen coyote, nos hizo cruzar la frontera. Se desapareció por tres días y después se apareció con las llaves de su casa y nos dijo que todo lo que tiene es nuestro. Esto es una locura. Esto es un escándalo, esto es la gracia escandalosa.

Espero que puedas dejar de leer por unos minutos y pienses en la implicación para tantos inmigrantes en el mundo de hoy. ¿Cuál es nuestra responsabilidad ante situaciones como la inmigración? ¿Tenemos algo que decir? ¿Tiene Dios algo que decir? ¿Podemos articular sus palabras? Cuidado, porque una de las implicaciones del liderazgo escandaloso es que sabe aplicar la gracia escandalosa de Dios a las realidades de nuestros países y ciudades. Esto implicaría que no debería de haber lugar para el racismo estúpido e ignorante. No habría lugar para creernos más o menos que otros. Ni tampoco debería de haber lugar para el patriotismo exagerado y ciego cuando envolvemos nuestra teología en nuestra bandera. CUIDADO, porque Jesús no vino con bandera. Vino con la misión de salvar a todos, independientemente de su trasfondo cultural, color, raza o condición espiritual. Esta gracia escandalosa la encontramos ilustrada en una metáfora poderosa en Efesios 2, que dice:

> Y él os dio vida a vosotros, cuando estabais muertos
> en vuestros delitos y pecados, *en los cuales anduvisteis*
> *en otro tiempo, siguiendo la corriente de este mundo,*
> *conforme al príncipe de la potestad del aire, el espíritu que*
> *ahora opera en los hijos de desobediencia, entre los cuales*
> *también todos nosotros vivimos en otro tiempo en los*
> *deseos de nuestra carne, haciendo la voluntad de la carne*
> *y de los pensamientos, y éramos por naturaleza hijos de*
> *ira, lo mismo que los demás.* (énfasis agregado)

Ahora el versículo 4 introduce la gracia encandalosa con:

Pero Dios, que es rico en misericordia, por su gran
amor con que nos amó, aun estando nosotros
muertos en pecados, nos dio vida juntamente con
Cristo (por gracia sois salvos), y juntamente con él
nos resucitó, y asimismo nos hizo sentar en los lugares
celestiales con Cristo Jesús, para mostrar en los siglos
venideros las abundantes riquezas de su gracia en su
bondad para con nosotros en Cristo Jesús. (énfasis
agregado)

¡Ah, ah, ah, qué gracia! ¡Qué favor! ¡Qué regalo! ¡Qué escándalo!
Los escándalos de Dios son fascinantes. Tú eres un escándalo divino.
¿Cómo podemos ser líderes que contribuyan a que otros experimenten
los escándalos de Dios?

> *«Yo decía que a esos vagos de la calle los deberían*
> *mandar a fusilar».*
>
> —Elías Quintana

> *«Cuando iba a la iglesia, y miraba un grupo de vagos en la*
> *calle, pasaba de largo».*
>
> —Martha Fornos

Las citas anteriores reflejan el repudio predominante de la sociedad, incluyendo la iglesia, ante el fenómeno de los grupos delincuencia-
les juveniles o «pandillas» en Nicaragua. Gracias a Dios, esa actitud ¡está
cambiando!

Tanto Elías Quintana, como Martha Fornos, son ahora líderes juveniles cuyos ministerios giran alrededor de los jóvenes que antes repu-
diaban.

Elías, jefe militar durante la guerra civil de Nicaragua, conoció al Señor y se integró a la Iglesia Cristiana Reformada de Nagarote, una comunidad rural pobre del departamento de León. Aun siendo cristiano, no podía evitar sentir rechazo por los «jóvenes problemáticos» de su vecindario. Elías cuenta que su iglesia «era tan retrógrada que discriminaba a esas personas; pero ahora no, sino que hay un acercamiento hacia ellos». Elías reúne semanalmente a unos treinta de esos jóvenes, conocidos como «vagos», para charlar, comer, jugar y orar juntos.

Martha Fornos comparte similitudes con el testimonio de Elías. Ha sido cristiana por mucho tiempo. Aunque ha ocupado diferentes cargos en su iglesia, al igual que Elías, por muchos años guardó recelo hacia los jóvenes de la calle. «Ya no tengo miedo de acercármeles», dice Martha, «en mi iglesia hemos organizado varios eventos, entre comidas, actividades deportivas y evangelísticas con esos muchachos, y hemos visto hermosos resultados».

Elías y Martha tienen algo más en común: junto a otros cincuenta líderes juveniles de más de veinte iglesias, participaron por dos años y medio en el programa Misión Transformadora impulsado por el Centro Nehemías en colaboración con Estrategia de Transformación (EdT, ministerio adjunto a la Misión Mundial de la Iglesia Cristiana Reformada) y Caribbean Ministries Association.

La EdT fue un proceso de aprendizaje mediante cursos intensivos, diálogos y ejercicios de campo enfocados en el ministerio juvenil transformador. Durante ese tiempo se hizo énfasis en el trabajo con jóvenes en alto riesgo y sus familias en lugares difíciles. En este programa, más que centrarnos en proveer herramientas de «cómo» hacer misiones, nos dedicamos a reflexionar en cómo nuestros ministerios podían acercarse más al modelo encarnacional de Jesús. Nos enfocamos en meditar en el «qué» y el «porqué» de lo que estamos haciendo con nuestras comunidades y dentro de ellas a la luz del ministerio de Jesús.

Alabamos al Señor porque esas sesiones de reflexión y meditación han despertado un nuevo corazón hacia los jóvenes en riesgo. Esos «vagos», como les llaman muchos, son ahora el centro de atención, de inspiración y aprendizaje para muchos líderes juveniles que están procurando imitar a Jesús, para quien los últimos, los más bajos y los perdidos siempre tuvieron un lugar de privilegio.

La gracia de Dios nunca deja de asombrarme. Cuando reflexiono acerca de lo inmerecedor que soy, ya que con frecuencia lo defraudo; cuando tropiezo y caigo una y otra vez; cuando dejo que mis deseos egoístas controlen mi vida una y otra vez; no deja de asombrarme que el Dios de toda la creación me da la bienvenida con los brazos abiertos por causa de Jesús. Permite que me incline al pie de la cruz, clamando misericordia y perdón; y me acepta en Su presencia debido a que Jesús llevó todo el peso de mi pecado y mi juicio. Debido a eso no puedo menos que preguntarme: «¿Por qué?»

La escandalosa gracia de Dios en mi vida debería obligarme a rendir todo lo que soy al servicio de Aquel que ha quitado la carga de pecado de mis hombros. ¡Él es digno de toda mi alabanza y más! «¡Cuán grande es nuestro Dios!»[1]

La traducción del mensaje [parafraseado] de Efesios 2.3-6 resume estos grandiosos pensamientos:

> Es una maravilla que Dios no dilapidara su carácter ni lo suprimiera en nosotros. En cambio, en su inmensa misericordia y con un amor increíble, nos abrazó. Tomó nuestras vidas muertas en delitos y pecados y nos vivificó en Cristo. ¡Hizo todo eso sin ayuda de nosotros! Luego nos tomó y nos llevó al cielo más alto en compañía de Jesús, nuestro Mesías.

La gracia no es bien entendida, por lo que a menudo no creemos en ella. Usamos la palabra con mucha frecuencia, pero rara vez pensamos en lo que significa en referencia a nuestro liderazgo. A menudo batallamos con nuestros retos y luchas para encontrar una explicación de la gracia de Dios y con nuestros esfuerzos para extenderla a otros. Nuestro problema radica en la naturaleza de la gracia en sí misma. La gracia es escandalosa. Es difícil de aceptar, de creer, de dar y de recibir. La manera en que se nos brinda la gracia nos impresiona. No es realmente de este mundo. Y nos atemoriza lo que puede hacer con los pecadores. Además que muchas veces viene o se acerca en una forma subversiva.

Odilio es un hombre con quien me encontré brevemente en un par de ocasiones. Desde entonces, no lo he vuelto ver. Fue la primera persona que me ilustró una conexión entre el baile y el evangelio. Estaba recién casado, tenía menos de una semana, cuando estrellé el carro de mi esposa contra el camión de una compañía. Iba volando sobre la quinta avenida al norte de Filadelfia. Ella amaba mucho su carro. El verdadero problema fue que estaba sentada a mi lado cuando choqué con Odilio. Esa fue la primera vez en mi vida que recibí «esa mirada», la mirada que aterra a cualquier hombre casado pocas veces en su vida.

El accidente fue por culpa mía. Iba apresurado y no pude esperar que él terminara de hacer un giro en medio de la calle. Salté del carro en un intento por salvar mi pellejo frente a mi recién casada esposa, acusando con furia a Odilio por tratar de hacer un cruce estúpido en medio de una calle tan transitada. Ni mi actitud ni mi lenguaje estremecieron siquiera un poco al hombre. Después de todo, yo era un graduado de seminario y ministro ordenado. Por lo que se veía en el costado del carro de Odilio, era una persona que se dedicaba a arreglar ventanas para ganarse la vida. Ese incidente terminó convirtiéndose en un duelo de hombres acerca de quién tenía el mejor enfoque a la esencia del evangelio.

Odilio estaba tranquilo, calmado y sosegado frente a mí. Simplemente me dio su número de teléfono. Eso fue un acto de gracia. Aun cuando su giro era legalmente cuestionable, el accidente había sido causado por mi impaciencia y mi descuido. Él me dijo, de una forma muy calmada, que lo podía llamar al siguiente día y que me llevaría para reparar el carro al taller de uno de sus amigos, sin costo alguno. Él no tenía seguro y me pidió de una forma muy calmada que no involucrara a la policía en el incidente.

Regresé al carro sintiéndome en cierta forma vindicado por la oferta que me hizo para pagar el daño, hecho que no impresionó a mi esposa. Lo llamé al día siguiente, como se había acordado, y nos encontramos en un taller cercano a la escena del accidente. Él me guió al taller de reparaciones de su amigo. En la entrada, en el área de recepción, encontramos a una mujer que estaba sentada frente a un escritorio viejo y mal cuidado. Parecía feliz de ver a Odilio, pero se notaba que había pasado un tiempo para tratar de encubrir lo que parecía una «tristeza del alma». Al ver eso, me pareció que Odilio olvidó todo lo concerniente a la reparación del carro. Así que puso su mano sobre el hombro de la chica y le preguntó: «¿Qué te pasa Marisol? No veo gozo en ti hoy». Ella respondió con su mirada fija en el suelo diciendo: «Bueno... Odilio, es el baile. Fui a bailar otra vez anoche. No puedo dejar de bailar aun cuando sé que es malo».

Fue entonces cuando el «arreglaventanas», sin saberlo, enseñó al «pastor ordenado» mediante un acto de un evangelio escandalosamente subversivo. Una sonrisa muy gentil iluminó su cara, y con una voz muy suave le dijo: «Marisol, ¿quién te dijo que tienes que dejar de bailar? El baile no es tu problema sino que son los compañeros que escoges los que te están arruinando. El mundo quiere ser tu pareja de baile en la vida, pero todo lo que te puede dar a la mañana siguiente cuando te despiertas es culpa y vergüenza. ¡Oye! Lo que necesitas considerar es un cambio de pareja. Suelta la mano del mundo y agarra la mano que Jesús te está extendiendo. Él quiere bailar por la vida contigo y, créeme, con tu mano en la suya bailarás como nunca te has imaginado».

Mientras miraba ese pequeño drama del evangelio subversivo desarrollándose frente a mí, me sentí como si hubiera sido conectado a un *tanque* de convicción por un humilde niño pequeño en un festival callejero. ¿Cómo había podido ser tan arrogante y egocéntrico? ¿Cómo era eso de que yo no sabía bailar con Jesús? ¿Por qué tuvo que sucederme un accidente con un «arreglaventanas» para que me encontrara en una posición de aprendizaje ante algo tan profundo y hermoso?

Nunca más volví a escuchar ni saber de Odilio. Arreglaron el carro. Dejé que él pagara por ello. Seguí con mi vida y él con la suya. Sin embargo, aunque nuestros caminos nunca más se volvieron a cruzar, no sé nada de él después de casi doce años de nuestra «cita» divinamente programada. Su enseñanza acerca del baile artístico del evangelio subversivo ha volado de regreso a mi mente (sin contar el sinnúmero de veces que ha aparecido en mi enseñanza y mi predicación).

Ahora paso mucho tiempo en las prisiones de América Central con pandilleros activos. Tengo un nuevo grupo de Odilios a mi alrededor. Son ex pandilleros trabajando en una iniciativa de capellanía en las prisiones de máxima seguridad, dentro de las unidades para pandilleros, en las ciudades de Guatemala. Ellos pasan muchísimas horas a la semana en esos sectores para pandillas, donde los guardias les abren las puertas, aunque se rehúsan a entrar con ellos. Los guardias simplemente cierran las puertas detrás de ellos, lo cual significa que los capellanes se relacionan con los prisioneros bajo sus términos y en su tiempo. Esto se hace asumiendo que «Odilio» baila subversivamente el evangelio en una cantidad inimaginable de formas durante esas visitas. Déjenme compartir sólo un ejemplo.

Para poder comprender un poco el contexto, es necesario que entiendas que las pandillas en Centroamérica ven al cristianismo como otra pandilla. Es la única a quien le permiten estar frente a ellos sin las consecuencias que eso conlleva, siempre y cuando esos cristianos sean de los «buenos», los reales y transparentes. Adjetivos como compromiso, dedicación y lealtad son, literalmente, la definición de la borrosa línea entre la vida y la muerte para los pandilleros en Centroamérica. Si les muestras y vives para ellos con obediencia a la pandilla, en integridad, vivirás, si no seguramente morirás. No hay espacio para otra cosa ante sus ojos que un compromiso total y cuando no ven el mismo estilo de vida en el nombre de alguien que dice tener obediencia a Jesucristo (la «pandilla» cristiana), pierden todo el respeto y la confianza en tal persona.

Eso fue lo que pasó cuando tres semanas antes los líderes encarcelados de una de las pandillas de Ciudad de Guatemala decidieron que no iban a permitir que dos de nuestros capellanes entraran. Convocaron a una reunión entre ellos, el líder de los capellanes y yo para plantearnos sus preocupaciones. Ellos sentían que esos dos capellanes no estaban cumpliendo sus expectativas en cuanto a compromiso, dedicación y lealtad. Tenían serias quejas (una extensa serie de malos entendidos salió a la luz). Cuando les pregunté si esos dos hombres podrían tener una segunda oportunidad, enfáticamente dijeron: ¡¡¡No!!! Desde el saturado interior de una celda, uno de los líderes se convirtió en la persona que hablaba por los demás. Me bombardeó con una serie de preguntas incisivas. Aparentemente yo había contestado satisfactoriamente y luego él me explicó la razón de las preguntas. Él me dijo: «Mirá, Dios no es broma, nosotros tampoco». Él hizo una pausa después de plantear esa afirmación para dar tiempo a que lo procesara en mi cabeza y mi corazón. Luego repitió una vez más, en forma lenta y clara: «Dios no es una broma, tampoco nosotros».

Después de casi una hora realmente pude captar la profundidad del punto que planteó. Nunca me imaginé que en menos de cuatro días el país entero entendería lo que él quiso decir de una forma tan horrible. En las instalaciones de otra prisión en Guatemala, que alberga internos de la misma pandilla, un empleado del sistema fue acusado de tratar mal a los prisioneros desde la parte de afuera de sus celdas. Llegó el día que los pandilleros lo arrastraron hasta su bloque de celdas e inmediatamente se hicieron cargo del asunto. Permitieron que algunos de los guardias salieran con vida (después de una severa golpiza) pero el empleado en cuestión, no fue tan afortunado. Lo decapitaron después de haberle sacado sus ojos y abierto su pecho. El incidente ocasionó la impresión de una terrorífica primera plana a la mañana siguiente. Las palabras que yo había escuchado cuatro días antes en una prisión diferente asaltaron mi mente mientras leía la historia: «Dios no es broma, nosotros tampoco». Te estoy introduciendo al mundo donde la estrategia de transformación está apoyando a capellanes de pandilleros para que entren e intenten «bailar» cada semana.

¿Cómo se puede bailar con el evangelio en lugares tan difíciles como las unidades de máxima seguridad para pandillas en las prisiones de América Central? Los capellanes en Ciudad de Guatemala me están enseñando que este baile sólo se puede hacer de forma subversiva y escandalosa. No se permiten llamados al altar cuando se trabaja con pandilleros activos, ni se permite hacer referencia directa a la necesidad de «tomar una decisión por Jesús». En el corazón del asunto, en tales circunstancias, uno ha de abrazar el hecho de que el evangelio de Dios es subversivo por naturaleza (I Corintios 1.17-31) y que debe bailarse de una forma artística.

Pues no me envió Cristo a bautizar, sino a predicar el evangelio; no con sabiduría de palabras, para que no se haga vana la cruz de Cristo. Porque la palabra de la cruz es locura a los que se pierden; pero a los que se salvan, esto es, a nosotros, es poder de Dios. Pues está escrito: Destruiré la sabiduría de los sabios, y desecharé el entendimiento de los entendidos. ¿Dónde está el sabio? ¿Dónde está el escriba? ¿Dónde está el disputador de este siglo? ¿No ha enloquecido Dios la sabiduría del mundo? Pues ya que en la sabiduría de Dios, el mundo no conoció a Dios mediante la sabiduría, agradó a Dios salvar a los creyentes por la locura de la predicación. Porque los judíos piden señales, y los griegos buscan sabiduría; pero nosotros predicamos a Cristo crucificado, para los judíos ciertamente tropezadero, y para los gentiles locura; mas para los llamados, así judíos como griegos, Cristo poder de Dios, y sabiduría de Dios. Porque lo insensato de Dios es más sabio que los hombres, y lo débil de Dios es más fuerte que los hombres. Pues mirad, hermanos, vuestra vocación, que no sois muchos sabios según la carne, ni muchos poderosos, ni muchos nobles; sino que lo necio del mundo escogió Dios, para avergonzar a los sabios; y lo débil del mundo escogió Dios, para avergonzar a lo fuerte; y lo vil del mundo y lo menospreciado escogió Dios, y lo que no es, para deshacer lo que es, a fin de que nadie se jacte en su presencia. Mas por él estáis vosotros en Cristo Jesús, el cual nos ha sido hecho por Dios sabiduría, justificación, santificación y redención; para que, como está escrito: El que se gloría, gloríese en el Señor.

Cuando nosotros testificamos del reino de Dios nos convertimos en subversivos y escandalosos porque estamos señalando una realidad (la del reino) en la cara de los poderes dominantes de las tinieblas que gobiernan el mundo. Estamos anunciando un reino completamente alterno. No es el reino de Estados Unidos ni el de los sandinistas ni el de cualquier otra cosmovisión o perspectiva limitada, sino que es el reino de los cielos. Estamos anunciando el cielo en la tierra. En el Padrenuestro se nos enseña a decir: «Venga a nosotros tu reino, hágase tu voluntad en la tierra como en el cielo». Esa es una oración subversiva y escandalosa.

La otra razón por la cual es subversivo y escandaloso es que somos invitados a no temer a la muerte desde que creemos en el poder de la resurrección. No debemos temerle a la muerte para nada. No debemos temer a la muerte y la fortaleza feroz de los poderes de las tinieblas. Sin embargo, la clave se encuentra en cómo bailan ese coraje y esa bravura. La efectividad a largo plazo de los capellanes depende, en gran parte, de no ser reconocidos por lo que son realmente. Si los pandilleros se dan cuenta de que los capellanes creen que su forma de vida está condenada a la destrucción, y que otro reino se está formando en secreto para tomar ese lugar, no se sentirán a gusto. Si ellos supieran lo que los capellanes están haciendo realmente y el aporte que están haciendo, se negarían a dejarlos entrar en su «cuarto de vida» dentro de las celdas. Sin embargo, en el núcleo de su trabajo los capellanes están minando el reino de la pandilla y siendo testigos del reino de Dios. Por lo tanto, lentamente y de forma segura están ayudándolos a convertirse en lo que Dios quiere que sean, usando el baile artístico del evangelio subversivo.

De acuerdo a Eugene Petersen, la metodología del evangelio subversivo incluye cosas como «la verdad dicha y el amor hecho, oración y parábolas», y podría atreverme a agregar: ¿el baile artístico? Tal vez esta es la mejor forma de explicar una invitación que he recibido. He sido invitado a asistir a un evento especial en la misma prisión ya mencionada. Será una actividad dentro de la prisión y en la que los pandilleros activos estarán haciendo su segunda donación para niños necesitados en un orfanato. Ellos se han ganado el privilegio de hacer artesanías para las cuales los capellanes proveen los materiales y luego ayudan a vender. Cada pocos meses, con las ganancias escogen un orfanato que quieren ayudar con una donación. Ya hace varios meses le donaron seiscientos cincuenta dólares a un ministerio que trabaja con niños marginados en la Zona 5 de la Ciudad de Guatemala. Ahora, están listos para poder hacer una segunda donación. Se proyecta que esta va a ser el doble.

Hemos sido invitados a presenciar los efectos del baile artístico de algunos valientes capellanes. Vamos a estar sentados frente a un hermoso mural de la historia del hijo pródigo pintado sobre las paredes del bloque de celdas. Lo pintó una artista cristiana a petición de los pandilleros cristianos que han estado bailando artísticamente el evangelio subversivo en medio de ellos. Vamos a estar ahí sentados en frente de ese mural mientras varios asesinos encarcelados hacen una donación a los niños necesitados. El baile continúa...

La gracia nos enseña que Dios hace por otros lo que nunca haríamos nosotros por ellos. Nos ahorraríamos lo «no tan malo». Dios comienza con las prostitutas y trabaja a partir de ahí. La gracia es un regalo que le cuesta todo al que la da y nada al que la recibe. Se les da a aquellos que no la merecen, que apenas la reconocen y la aprecian. Por eso es que Dios sólo recibe la gloria al salvarlos. Jesús hizo todo el trabajo cuando murió en la cruz.

Dios se especializa en salvar personas realmente malas. ¿Tienes algo en tu pasado que te avergüence decirlo en público? ¿O tienes miedo? Dios sabe todo al respecto y Su gracia es mayor que tu pecado.

La gracia también significa que algunas personas pueden estar demasiado bien para ser salvas. Es decir, pueden tener una opinión tan alta de sí que piensan que no necesitan la gracia divina. La gracia de Dios no puede ayudarte hasta que realmente necesites recibirla.[2]

Gracias a Dios por su asombrosa gracia escandalosa. He usado esta gracia en una universidad secular. Les digo a mis estudiantes de primer año que todos ellos obtendrán el cien por ciento en mi clase. No importa lo que hagan, siempre tendrán cien. De inmediato las preguntas empiezan a surgir. ¿Qué pasa si no vengo a clases? ¿Qué pasa si no hago mis trabajos o proyectos? ¿Puedo bajar mi nota de cien por ciento a sesenta por ciento si no participo en clase? Todas esas preguntas las contesto afirmando que ninguno de esos factores afectará su nota ya que lo que más me interesa es el proceso educativo y no el resultado.

Básicamente es una forma de enseñarles la diferencia entre la salvación por gracia (el producto de creer, tener una relación con Dios) y la santificación (el proceso por el cual pasamos todos aquellos que creemos en Dios). Es importante para mí como catedrático que los estudiantes se preocupen por el proceso educativo (que aprendan) y no se preocupen por el producto (la nota final). Si yo me encargo de la nota, ellos no tienen por qué preocuparse más que del proceso educativo. Pensemos un poco más en esto aplicado a la gracia escandalosa de Dios. Por ejemplo, la otra vez el decano de la universidad escuchó de otros catedráticos mi filosofía tocante a las notas y me pidió que le llevara algunos proyectos de mis estudiantes para comparar lo que hacían para mí y lo que hacían para otros profesores. Inmediatamente les pregunté a mis estudiantes si debía ir confiado al decano con sus proyectos sabiendo que los que hacían para los profesores que no les regalaban la nota eran tan buenos como los que hacían para mí. Claramente muchos estudiantes estaban nerviosos porque sabían que para mis proyectos algunos de ellos no se habían esforzado como debieron con la excusa que ya tenían la nota. Otros afirmaban con convicción que debía llevar sus proyectos para ser comparados por el decano. Me pregunto y te pregunto, ¿crees que debería llevar los proyectos de mis estudiantes? ¿Estaría mi trabajo en la universidad en juego? ¿Qué pasaría si era cierto que mis estudiantes no se esforzaban tanto en mi clase como para otras cátedras? La verdad es que no llevé ninguno de sus proyectos porque lo que realmente estaba siendo cuestionado era yo como persona, como catedrático. Lo que estaba siendo cuestionado realmente no era la habilidad de mis estudiantes de hacer proyectos o su inteligencia o diligencia. Lo que estaba siendo cuestionado eran mis credenciales como catedrático. Interesante porque en la acusación del enemigo en las vidas que guiamos aparentemente la acusación o cuestionamiento es sobre las personas, cuando en realidad lo que el enemigo está tratando de cuestionar son las credenciales de Cristo en la cruz.

No somos nosotros los que enfrentamos la acusación si entendemos que Él tomó nuestro lugar. Son las credenciales de Cristo las que le dan la autoridad de darnos la nota (la salvación). Su trabajo en la cruz le dio credibilidad automática a todo lo que hago. Ahora, si malentiendo la gracia escandalosa, puedo actuar contrario a la motivación que agradece tal acto de recibir lo no merecido. Esta sería la motivación más lógica y correcta. Por lo tanto, es muy fácil explicarles a los estudiantes que su reacción ante esta gracia escandalosa me comunica a mí si entendieron lo que ella hace en sus vidas. Esto también es aplicable en nuestra vida como líderes. Muchos en el liderazgo tienen un serio problema con confiar en la gracia escandalosa. Por alguna razón somos buenos en hacer las afirmaciones relevantes al tema, pero no podemos ir más allá y confiar que la gracia escandalosa de Dios está basada en las credenciales de Cristo. Es por Él y en Él que la vida de cualquier persona puede cambiar.

Pensemos en un caso X, en el que una persona experimente un temor muy grande. La gente normal siente temor al rechazo y se esfuerza por evitarlo, sobre todo aquellos que queremos que nos quieran más. Nos esforzamos por tener un abdomen reducido, teñimos nuestro pelo, mentimos sobre nuestros ingresos y compramos coches que no podemos pagar; compramos ropa nueva cada temporada; aparentamos ser más agradables o más acertados de lo que somos; o pretendemos creer que somos muy centrados; o que somos más espirituales o inteligentes de lo que somos realmente (como tratamos de impresionar a la gente, todo depende de quién tratemos de impresionar y lo que les impresiona); pretendemos ser más santos, menos deprimidos, o menos solos de lo que somos en realidad (puedes imaginártelo). Es sólo chatarra humana que llevamos a cuesta. ¡Puf!

En realidad, en el fondo tememos al rechazo. Esto destaca que fuimos creados para la unidad, la aceptación relacional, la comunidad; experimentar amor, compromiso y gracia; y para andar estrechamente con Dios y los demás de manera profunda y auténtica.

Desde la caída de Adán, sentir temor al rechazo es algo normal. Pero echa un puñado de personas que temen al rechazo en un club «religioso», dales una nueva lista de leyes, reglas y puntos meritorios y de demérito, varios principios de comportamiento casi imposibles de cumplir; y añádele a eso el temor al juicio, a la condena eterna y la amenaza de la ira divina, y tendrás una mezcla poderosa, un miedo descomunal, como si le inyectaras esteroides, lo cual se convertirá en una poción tóxica para crear a los hipócritas más falsos que nunca desearías encontrar.

Los cristianos, la única gente que realmente podría saber acerca de la gracia de Dios en Cristo, por extraño que parezca, pueden ser la gente más criticona e hipócrita. Esto me confunde. Me hace preguntar a veces si algunos de ellos realmente confían en Jesús por la gracia de Dios, si realmente experimentan la gracia de un modo personal. ¿Sabes lo que los hace feliz, cantar, perdonar a alguien o sólo ser amable con alguien?

Por supuesto, cada cristiano proclama entender la gracia de Dios y la mayoría de los que han estado en el ambiente puede combinar los hechos teológicos y la terminología de fe normal que hemos leído en nuestras biblias y libros de teología. ¡Pero hablo de la gracia escandalosa como una experiencia de vida! Gracia que es tan verdadera que transforma nuestros corazones, que cambia para siempre nuestro entendimiento acerca de Dios y nuestra comprensión, y que realmente nos levanta y libera en Cristo.

Pienso que la raíz del miedo, el control y el orgullo yace en la falta de gracia (o no gracia o lo que es opuesto a la gracia. Realmente, lo opuesto a la gracia podría ser el orgullo o el egoísmo o la independencia o la autosuficiencia...), y el antídoto es el evangelio. El antídoto es Jesucristo. El antídoto es la fe, el arrepentimiento, tal vez bastante escoria, dolor y lágrimas, y estar harto de presumir, falsificar, dividir y fingir. Pero la respuesta es Jesús, tal vez Jesús más una comunidad que lo tenga a Él, y que entiende la práctica de la gracia.

Los cristianos que no son parte de una comunidad de gracia transformada, que confían en Jesús para llegar al cielo, pero todavía rigen sus relaciones por reglas muy estrictas, dando calificaciones y notas, privando de la libertad, sin dar afirmación, pueden ser las personas menos maduras y a la vez más falsas y difíciles de agradar. Eso es lo que he aprendido de los que han sufrido el rechazo por parte de cristianos, tanto aquellos que lo son como los que no lo son.

No es una crítica, pero si una advertencia, un sonido de sirena, un amigo amoroso que despierta a otro de una pesadilla.

No me quiero parecer a eso. No me gusta. No quiero ser parte de una comunidad que se parezca a eso. No quiero ser parte de algo que discrepa de las enseñanzas de la verdad y la gracia escandalosa que se relaciona con los caminos de Jesucristo.

Mira a través de los evangelios. ¿Cómo comunicó Jesús la gracia, la gracia escandalosa, la aceptación radical, el perdón inmerecido, la amistad inalcanzable, y una relación de la cual cuestionamos: «¿Por qué a ellos?» ¿Lo hizo alguna vez? Y si lo hizo ¿a quién? ¿Cómo fue que Jesús extendió su mano y se relacionó con aquellos que temían el rechazo de Dios y sintieron el rechazo del resto del mundo? ¿Cuál era la solución de Jesús al rechazo? ¿Cuál era Su solución al pecado? ¿Era una cura temporal o era algo eterno?

Pensemos en el estudio de un caso. ¿Y el caso del líder de adoración?

Supongamos que el jueves por la noche recibes una llamada al celular a las once de la noche. Es el líder de alabanza y te pide que hables con él esa misma noche. Treinta minutos después se reúnen en alguna cafetería cerca de la congregación. Con lágrimas en sus ojos, el chico te confiesa que esa noche tuvo relaciones sexuales con su novia y que los dos están arrepentidísimos. Nunca pensaron que algo así sucedería. Estaban los dos solos en la casa de la chica y después de besarse y tocarse, perdieron el control y tuvieron relaciones sexuales por primera y única vez. ¿Qué hace el líder ofensivo y escandaloso? ¿Lo deja dirigir la alabanza el domingo o no? Es en estas situaciones en las que hemos de saber ser ofensivos y escandalosos al mismo tiempo.

No hace mucho participé directamente en la resolución de una crisis que surgió en una organización reconocida en Estados Unidos. El conflicto surgió porque el nuevo presidente electo de esa organización tenía que hacer algunos cortes en su personal por la situación económica. Con sabiduría, el presidente consultó con su directiva antes de tomar cualquier decisión. En esos días salió de viaje y los empleados que iban a perder su puesto decidieron hacer un complot en contra de su líder. Se comunicaron directamente con el jefe de la directiva para acusar y desacreditar al presidente mientras estaba fuera. Al regresar el presidente encontró una carta del jefe de la directiva acusándolo de una cantidad considerable de mentiras. Ahora era el tiempo de aplicar la gracia y la verdad. Muchas veces esto implica recordar que los ataques no son necesariamente personales sino espirituales porque algo se está haciendo bien.

En este caso me invitaron a ser parte del cuerpo de consejeros para solucionar la situación. Por supuesto que el jefe de la directiva estaba mal en todo lo que había hecho. Se le pidió al presidente que respondiera a la carta llena de acusaciones y que sus respuestas fueran totalmente veraces. La gracia en esta situación fue evidente cuando el presidente les comunicó a todos los involucrados que no tenía ningún resentimiento en contra de los empleados ni del jefe. Su carta de respuesta se envió con la verdad y su actitud fue de perdón y compromiso para seguir adelante.

En resumen, solamente te diré que el jefe de la directiva renunció a su posición como directivo. Lo hizo después de haber pedido disculpas y retirar todo lo dicho tocante al presidente. Creo que en casos como estos es más fácil aplicar la gracia y la verdad si entendemos que la guerra es espiritual. Efesios 6 (RV 1909) dice:

> Porque no tenemos lucha contra sangre y carne; sino contra principados, contra potestades, contra señores del mundo, gobernadores de estas tinieblas, contra malicias espirituales en los aires. Por tanto, tomad toda la armadura de Dios, para que podáis resistir en el día malo, y estar firmes, habiendo acabado todo.

Regularmente lo primero que viene a nuestra mente es pensar en las posibles consecuencias de lo que podría pasar si tomamos una u otra decisión. En realidad, la propuesta es basar la decisión en la gracia y la verdad de Dios ya que de esa forma las consecuencias son secundarias. En muchas ocasiones vimos casos como los de Daniel, Ester y tantos otros personajes que tomaron decisiones basadas en la persona, carácter y naturaleza de Dios, sin importarles las consecuencias, porque entendían que las consecuencias serían sobrellevadas con Dios a su lado. (Quisiera recomendar la lectura del libro *Cuando las consecuencias no son suficientes*, de Grupo Nelson.)

Tanto la verdad como la gracia encuentran su origen en Dios, por consiguiente no podríamos equivocarnos al usar las dos en situaciones como esta. La pregunta más importante debería ser: ¿Cómo puedo aplicar la verdad y la gracia en esta situación? A continuación un tema muy importante a la hora de querer ayudar a la juventud.

Capítulo 4
La realidad del dolor

Todo líder ofensivo y escandaloso debe saber lidiar con la realidad del dolor. No solamente con el propio, sino con el de todos aquellos que le rodean. No estoy sugiriendo que debemos entender el dolor de todas las personas, pero debemos estar dispuestos a interactuar con ese dolor. Permíteme explicarme. Hace varios años un chico se me acercó después de una plática que di en una escuela secundaria. Este chico con rostro pálido y ciertamente herido pidió hablar conmigo a solas en mi oficina. Al día siguiente llegó a mi oficina y me contó su trágica historia. Ese mismo año uno de los profesores de la escuela invitó a varios de sus alumnos incluyendo a este chico a ir a estudiar a su casa. Cuando ya estaban todos los estudiantes en la casa del profesor, este sacó licor y les dijo que iban a hacer un concurso para ver quién podía tomar más sin embriagarse. El chico, con lágrimas en sus ojos, me contó que les dijo a su profesor y a sus compañeros que no bebería con ellos. Ante su respuesta a la propuesta del profesor, este lo amenazó con reprobarle en sus cursos si no accedía. Al recibir esta amenaza los estudiantes empezaron a beber. Después que todos estaban ebrios, el profesor despidió a todos los estudiantes excepto al chico que me contó todo.

Al instante el profesor envió al chico a su habitación y allí lo violó el resto de la tarde. Pero con el monstruoso acto no terminó su tortura allí, ya que al regresar a su casa su madre lo golpeó y lo castigó por estar borracho. Por supuesto, no le creyó nada de lo que le dijo.

Al regresar a la escuela a la fuerza —debido a que la madre lo obligó— se encontró con que el profesor les había contado a algunos chicos que había tenido relaciones sexuales con él. Ahora toda la escuela lo sabía e inmediatamente lo calificaron de homosexual. Sin forma de detener sus lágrimas, el chico me contó que había contratado a una pandilla para que mataran a su profesor. ¿Quién puede entender a este muchacho? No importa cuánto traté de entender su situación, nunca podría sentir como se siente él. Sin embargo, ¿tiene el líder ofensivo y escandaloso que entender el dolor de todos? Por supuesto que no, porque no somos nosotros los que vamos a salvar a las personas. Ya vino el Mesías, su nombre es Jesús. Él sí puede entender e identificarse con cualquier persona. Entonces, ¿cuál es mi responsabilidad como líder en medio del dolor de los demás? Muchas veces lo escandaloso y lo ofensivo se reduce a simplemente escuchar. Y tal vez confesar que no sabemos lo difícil que es estar en sus zapatos, pero estamos dispuestos a identificarnos con su dolor. El líder ofensivo y escandaloso debería estar dispuesto a contagiarse del dolor de la otra persona. Déjame sugerir tres razones por las que esto es importante.

> ¿Quién nos separará del amor de Cristo? ¿Tribulación,
> o angustia, o persecución, o hambre, o desnudez, o
> peligro, o espada? Como está escrito: Por causa de
> ti somos muertos todo el tiempo; somos contados
> como ovejas de matadero. Antes, en todas estas cosas
> somos más que vencedores por medio de aquel que
> nos amó. (Romanos 8.35-37)

Pablo comparte con nosotros una lista bastante escandalosa llena de dolor. De ningún modo pretendo sugerir que soy experto en el dolor, pero seguro que Pablo experimentó lo suficiente como para poder hablar con autoridad. Esta lista es bastante fuerte para convencer a cualquiera de que Pablo sabía de lo que estaba hablando, sin embargo, concluye la lista con una afirmación bastante escandalosa: «Antes, en todas estas cosas somos más que vencedores por medio de aquel que nos amó». En la mayoría de los casos en las que se escucha esta frase, se trata de situaciones en las que las personas recibieron algún beneficio económico. Supongo que cualquiera de nosotros podría decir que somos más que vencedores si estamos disfrutando de algún favor divino. Lo escandaloso de esta frase es el contexto en el que Pablo afirma que es más que vencedor. Esta frase ni siquiera es una sugerencia, Pablo simplemente afirma una realidad de todo creyente.

¿Podríamos entonces sugerir que el dolor que cada una de las cosas de esa lista incluye fue un instrumento en las manos de Dios para ayudar a Pablo a identificarse con la realidad de otros y su propia realidad? ¿Puede Dios acaso usar el dolor para mostrarnos que somos más que vencedores? ¿Puede el dolor ser un instrumento que nos atraiga a Dios? En este momento quisiera hacer una aclaración muy importante. Creo que existe un malentendido respecto al hecho de que Cristo llevó consigo nuestras enfermedades, dolores, pecado y demás penas a la cruz. Muchos hoy enseñan que eso significa ausencia de enfermedad, dolor y pecado. Cuando en realidad el hecho de que Jesús cargara esas cosas en la cruz quiere decir que Él es Señor sobre esas cosas. Para nada quiere decir que habrá ausencia de esas cosas en nuestra vida, sino que Jesús tiene absoluto control de ellas. Incluyendo el dolor, el sufrimiento y el resto de las cosas que Pablo enumera en Romanos 8, mi primera sugerencia es que «todo líder ofensivo y escandaloso se identifica con el dolor porque este lo contagia de su propia realidad y de la de los demás».

Recuerdo la vez que mi hijo mayor, André, me acompañó a un país latinoamericano cuando tenía como cinco años de edad. En aquella ocasión visitamos un basurero bastante grande. En ese lugar en particular hay toda una comunidad de personas que viven de la basura. Muchos de ellos no solamente recogen artículos para reciclar, también se alimentan de la basura. André y yo nos paramos en una pequeña cima de tierra al costado de las montañas de basura, en donde observábamos a una mujer recoger una naranja dentro de la basura para luego proceder a comerla. Todas las escenas que vimos aquel día fueron impresionantes pero una, en particular, llamó la atención de André. Dentro de la basura había dos hermanitos jugando con la basura. Uno de ellos jugaba con un juguete roto. Al final del día, André me hizo una pregunta extremadamente relevante. Me miró a los ojos y me preguntó: «¿Por qué ese niño jugaba con un juguete roto?» Pero, ¿por qué es esta una pregunta relevante? La razón principal es porque mi hijo André nunca ha tenido que jugar con juguetes rotos. El identificarse con el dolor de otra persona le dio a mi hijo una nueva perspectiva de la realidad de otros y de la suya propia. André nunca ha vuelto a ver sus juguetes de la misma manera.

Pablo continúa en Romanos 8.38-39:

> Por lo cual estoy seguro de que ni la muerte, ni la vida,
> ni ángeles, ni principados, ni potestades, ni lo presente,
> ni lo por venir, ni lo alto, ni lo profundo, ni ninguna
> otra cosa creada nos podrá separar del amor de Dios,
> que es en Cristo Jesús Señor nuestro.

Esta lista no deja de ser menos impresionante que la anterior. Quiero sugerir que esta lista también contiene suficiente dolor como para estremecer a cualquier persona normal.

Pablo hace otra afirmación escandalosa ante la realidad directamente relacionada con el dolor. ¿Por qué sugiero esto? Estoy convencido de que el dolor que Pablo experimentó y el que sabía que otros sufrían lo llevaron a conocer mejor a Dios. Por eso dice: Nada nos podrá separar del amor de Dios. ¿Cómo puede alguien hacer tal afirmación con tanta convicción y pasión sin haber experimentado alguna clase de enfoque en Dios a través del dolor? Es interesante ya que una pregunta lógica es: ¿cuánto dolor estoy dispuesto a experimentar con tal de conocer mejor a Dios mejor? Pablo conocía a Dios de tal manera que dijo: NADA nos podrá separar del amor de Dios. Mi segunda sugerencia es que «todo líder ofensivo y escandaloso se identifica con el dolor porque este lo contagia de la realidad acerca de Dios».

El capítulo 9 es una continuación del 8. En otras palabras, no es posible leer el 8 sin conectarlo con el 9 y ver su relación porque básicamente son el mismo documento.

> *Verdad* digo en Cristo, no miento, dándome
> testimonio mi conciencia en el Espíritu Santo, que
> tengo gran tristeza y continuo dolor en mi corazón.
> Porque deseara yo mismo ser apartado de Cristo
> por mis hermanos, los que son mis parientes según la
> carne. (Romanos 9.1-3, RV 1909, énfasis agregado)

Pablo no ha dejado el tema del dolor todavía porque lo vuelve a mencionar, pero en esta ocasión directamente, y dice que tenía *gran tristeza* y *continuo* dolor en su corazón. Esta tristeza y este *dolor* lo llevaron a hacer una de las afirmaciones más impresionantes, más escandalosas o más ofensivas de todos sus escritos. Afirma en el versículo 3: «Porque deseara yo mismo ser apartado de Cristo por mis hermanos, los que son mis parientes según la carne». Estoy convencido de que otra razón por la que un líder ofensivo y escandaloso debe de identificarse con el dolor es porque ese dolor *lo contagia de compasión por los demás*. Esta compasión se aprende al ver e identificarnos con el dolor de otros.

> *¿Cómo vamos a hablar de Dios cuando un cruel asesinato*
> *sucede en «la esquina de los muertos»? ¿Cómo vamos a*
> *predicar el amor de Dios en medio de tanto desprecio por*
> *la vida humana? ¿Cómo vamos a proclamar la resurrección*
> *del Señor cuando la muerte reina y especialmente entre*
> *niños, mujeres, pobres, indígenas y miembros «poco*
> *importantes» de nuestra sociedad?*
>
> —Gustavo Gutiérrez

Creo que es imposible hablar del dolor sin considerar la historia de Job quien supo lidiar con dolor tan difícil de explicar. La Biblia, en el libro de Job, explica cómo este hombre perdió TODO hasta no quedarle nada más que Dios. Parece ser que este es uno de los beneficios del dolor y el sufrimiento. Experimentar la vida sin nada más que Dios. ¡Qué privilegio! ¡Qué honor! ¡Qué complicado! ¡Qué fácil decirlo... otra cosa es vivirlo! Pero Job lo hizo.

El libro de Job no trata acerca del sufrimiento, trata sobre «¿cómo le hablas a Dios en medio del sufrimiento?» Esa es la gran idea. Así que Job no está en la Biblia para enseñarnos la naturaleza del sufrimiento porque no hay respuesta a ello. El punto es la manera en que le hablas a Dios cuando estás sufriendo. Y al final del libro, Dios afirma: «Job habló bien. Los otros no lo hicieron. Job me habló directamente a mí, los otros no. Sin importar si tenía una teología buena o mala, Job me habló. Puedes decirme lo que quieras, sólo que no hables acerca de mí». Ese fue el error de los amigos de Job. Aquí vemos una gran forma de enseñar acerca de Job. Veamos al patriarca desde la perspectiva del vocabulario. ¿Cómo le hablamos a Dios en medio del sufrimiento?

En América Central se dice que está el grupo de jóvenes más grande del mundo con más de ciento cincuenta mil chicos y chicas. El problema es que no son miembros de una congregación sino de una de las pandillas más temidas en toda América. Esos jóvenes han experimentado el dolor y el sufrimiento como pocas personas. Varios años atrás, cuando identificamos que esos chicos estaban muriendo y las congregaciones no estaban haciendo mucho para ayudarlos, decidimos reunirnos con algunos de sus líderes. Después de varios meses accedieron a reunirse con nosotros. Nos recogieron en una calle importante en el centro de la ciudad y, después de cubrirnos la cabeza, nos montaron en un auto que se movió como cuarenta y cinco minutos. Llegamos a una cueva. (Yo ni siquiera sabía que existieran en esa ciudad.) En el fondo de aquella cueva estaban tres líderes de la pandilla entre las edades de cuarenta y cinco a cincuenta y cinco años de edad, rodeados de unos siete jóvenes de entre trece y veinticinco años de edad, que los protegían con armas automáticas AK-47.

Nuestra conversación pretendía contestar la pregunta: ¿Cómo podíamos ayudarles? Al final de nuestra conversación surgió la pregunta qué tenía que hacer un chico si quería salir de la pandilla. La respuesta fue impactante. Existen dos formas de poder salirse de la pandilla dijo uno de ellos. «La primera es la muerte. Si alguien quiere salirse de la pandilla, tiene que ser ejecutado. La otra forma es que acepte a Cristo como su único y suficiente Salvador». Por supuesto que esta respuesta nos dejó fríos. Esos pandilleros reconocen que Cristo puede cambiar la vida de las personas, aunque en medio de su dolor necesitan la esperanza que brinda Dios. Es una puerta maravillosa. Para hablar desde la perspectiva del dolor y el sufrimiento, la artista Ann Bryan afirma:

El arte no responde las difíciles preguntas teológicas.
Cuando el pensamiento y la razón se agotan ante la
maldad impensable o ante una pérdida intolerable, el
arte nos provee los medios para inventar u organizar,
para crear un lugar donde somos ayudados a soportar
la pregunta: ¿Dónde está Dios?

Esta gran cita de una artista contemporánea nos ayuda a entender el género del libro bíblico Lamentaciones. Es arte, poesía. Cuando las personas están devastadas es cuando alcanzan las artes. Cuando los israelitas sufrieron el exilio juntaron todos los salmos. Fue durante los cuatrocientos años entre Malaquías y Juan el Bautista que unieron todos los salmos. Es en esos momentos de la historia —cuando Dios parece estar callado— que surge la poesía. Las Lamentaciones son una voz profética que aflora en momentos de profundo dolor. Históricamente eso es cierto y bíblicamente también. Así que lo que vamos a hacer es entrar en una discusión a través del enfoque de una voz poética. Casi siempre la única voz sensata que se oye cuando tu vida está deshecha es la poética. La doctrina y el dogma salen volando cuando tu vida está siendo destruida. No estás buscando «buena teología» cuando tu hijo se muere. A esas alturas, «teologizar» sale volando.

La exégesis de Lamentaciones es el camino a la discusión de la cruz. Veamos a una gente en uno de los hoyos más profundos de la historia: el exilio babilónico, cuando se pregunta si Dios les ha abandonado. Pero, ¿qué hacen con eso? En vez de comenzar inmediatamente con la cruz, empecemos con algo un poco diferente. Este estudio será nuevo y fresco ya que la mayoría de las personas que nunca han pasado un tiempo significativo meditando en Lamentaciones, no vienen con impresiones preconcebidas. Este es un buen punto para comenzar porque evita que se vuelva dogmático muy rápidamente en contraste con comenzar inmediatamente con Jesús en la cruz, ¡porque eso ya lo saben!

Empecemos pensando en la letra del himno «Grande es tu fidelidad».

Oh, Dios eterno, tu misericordia
Ni una sombra de duda tendrá;
Tu compasión y bondad nunca fallan
Y por los siglos el mismo serás.

¡Oh, tu fidelidad! ¡Oh, tu fidelidad!
Cada momento la veo en mí,
Nada me falta, pues todo provees,
¡Grande, Señor, es tu fidelidad!

La noche oscura, el sol y la luna,
Las estaciones del año también
Unen su canto cual fieles criaturas,
Porque eres bueno, por siempre eres fiel.

¡Oh, tu fidelidad! ¡Oh, tu fidelidad!
Cada momento la veo en mí,
Nada me falta, pues todo provees,

¡Grande, Señor, es tu fidelidad!

Tú me perdonas, me impartes el gozo,
Tierno me guías por sendas de paz;
Eres mi fuerza, mi fe, mi reposo,
Y por los siglos mi padre serás.[1]

Letra: Thomas O. Chisholm. © 1923 Ren. 1951 y esta traducción. © Hope Publishing Co. Carol Stream, IL 60188. Todos los derechos reservados. Usado con permiso.

¿Conoces de qué pasaje de las Escrituras viene este himno? Está exactamente en la mitad de Lamentaciones y es el único rayo de esperanza dentro del libro entero. Esto servirá como una introducción para nosotros en el «ministerio del lamento». Es un buen comienzo porque cantamos del amor continuo de Dios y luego hablamos del contexto de donde viene este canto, que presenta el holocausto del Antiguo Testamento, el momento más oscuro de la historia de Israel. Fue peor que ser esclavos en Egipto. Fue el momento cuando se sintieron como si hubieran sido completamente abandonados por Dios: el exilio babilónico. Debemos transmitir esto históricamente.

La primera condición para sanar es traer a la vista el dolor y el sufrimiento ¡Esa es la gran idea! Cualquier consejero te dirá que tienes que traer el dolor a la vista si quieres sanar. Eso es lo que Lamentaciones hace por nosotros, ¡trae el dolor a la vista al darle voz!

Necesitamos aprender a darle voz al dolor cuando trabajamos con gente joven y sus familias, las que han sido aplastadas por la vida. Uno de los propósitos principales de los profetas en el Antiguo Testamento es darle voz al dolor, tanto al de Dios como al de la gente. Los profetas eran duros de escuchar y hoy lo son de leer porque constantemente le dan voz al dolor.

Antes de que tratemos y nos pongamos doctrinarios con lo que es el escándalo de Dios, un aspecto de ello es que le da voz al dolor.

Esto es escandaloso en sí y por sí mismo. No nos gusta oírlo. Esto es lo poético de decir la verdad.

Lamentaciones se divide de la siguiente manera:

1.1-9a. Primera voz (narrador)

1.9b. Segunda voz (hija de Sion)

1.10—1.11a. Primera voz (narrador)

1.11b—1.22. Segunda voz (hija de Sion)

2.1—2.10. Primera voz (narrador)

2.11—2.12. Segunda voz (hija de Sion)

2.13—2.19. Primera voz (narrador)

2.20—2.22. Segunda voz (hija de Sion)

3.1—3.39. Tercera voz (hombre fuerte)

3.40—3.66. Cuarta voz (la comunidad)

4.1—4.22. Primera voz (narrador)

5.1—5.22. Cuarta voz (la comunidad)

Hay cuatro voces en Lamentaciones, cosa que sabrías si entendieras que es poesía y que debe ser leído como tal. Así es el género poético. Debemos prestar atención a cada voz, lo cual es difícil debido a que cada una de ellas cambia a lo largo del libro sin ninguna indicación. Lamentaciones es una armonía a cuatro voces. Comienza con el narrador describiendo en una forma muy objetiva, distante, la naturaleza desolada de los israelitas. Son prisioneros en Babilonia y el narrador los acusa fuertemente de hacer el mal. Los culpa por meterse ellos mismos en ese embrollo, lo cual no ayuda a los israelitas, que se están desangrando. El narrador es la voz de la acusación. Acusa nuevamente en el versículo 8. Una y otra vez lanza acusaciones hacia ellos hiriendo cada vez más y más. Finalmente, habla la hija de Sion. Su voz es la segunda.

Así que tenemos una voz distante, del tipo teológico: la voz del narrador acusándolos del mal que han hecho. Su impiedad está en sus faldas, dice él acerca de la hija de Sion (1.9), a la que llama ramera. Y la hija de Sion en su propia sangre finalmente habla con este cambio dramático («Mira, oh Jehová, mi aflicción, porque el enemigo se ha engrandecido», 1.9b). Este es un gran momento de predicación. El narrador está forjando las acusaciones y es buena teología porque todo es cierto. Es doctrina buena y sólida, pero sin ninguna preocupación pastoral en lo más mínimo. Finalmente la hija de Sion habla por sí misma. Ni siquiera se dirige a su acusador (el narrador), se dirige a Dios de forma directa.

«Mira, oh Jehová, mi aflicción, porque el enemigo se ha engrandecido» (1.9b). Ella no está dudando de que ha sido vencida pero observa su petición. *«Mira, ¿podrías tan siquiera verme?»* Este es un gran momento de prédica. Todo lo que ella quiere es ¡*que Dios la mire!* El narrador comienza una vez más. Ella sólo tiene una oración antes de que él empiece a atacarla nuevamente.

Luego de sólo dos versículos ella ya no puede aceptar más. Así que clama en 1.11b—1.22 con un cambio de voz: «Mira, Señor podrías tan sólo verme». Esto es tan poderoso. Ve y mira cuán devaluada estoy... Señor si tan sólo ¡*vieras!* Este narrador no me mira. Me está juzgando y explicando mi condición, pero nadie me *mira*. Estoy sentada al lado del camino sobre mi propia sangre y mis entrañas y todos simplemente pasan a mi lado. Aquí hay un momento para hablar por qué es tan difícil ver el sufrimiento. ¿Por qué sucede? ¿Por qué la iglesia encuentra tan difícil ver el sufrimiento? Todo lo que ella está pidiendo es que alguien la *mire*. ¡*Sólo vean!* ¿No es nada para ustedes los que pasan? Ella no puede obtener la atención de Dios, ¿y qué de ustedes? ¿Puede obtener su atención? ¿Podría alguien tan siquiera verme? Cualquiera, no me importa quién sea.

Este es un buen momento para detenernos y sugerir que veamos otras formas en las cuales pasamos por alto y evitamos ver de cara el sufrimiento. ¿Por qué lo obviamos? ¿Por qué no podemos verlo? Yo no puedo ver el sufrimiento de mi familia. Lo evito. Nos amenaza el sólo verlo. Ella no está negando su culpa en lo absoluto, sólo quiere que alguien la vea. Ella dice: «Se alejó de mí el consolador...» (1.16b).

El versículo 17 muestra al narrador hablando otra vez. Luego la hija de Sion habla nuevamente: «Mira, oh Jehová, estoy atribulada» (1.20a). Habla cinco veces; en tres de las cuales solamente ruega que alguien la vea. No puede hacer que nadie, ni Dios aparentemente, la vea (vv. 12-16). La hija habla nuevamente en el versículo 18.

Todo el punto de la enseñanza gira alrededor de la petición de la hija de Sion para que alguien ¡la mire! En esta obra vamos a ir a los vacíos de las Escrituras para aprender cómo ver y dar voz al dolor.

Vemos una pequeña conversión en la actitud del narrador en la que se suaviza. ¿Qué te puedo decir? Él comienza a ser testigo de su sufrimiento. Deja de hacer teología para con ella. Todos los que pasan le aplauden. Él comienza a sentir un poco más de simpatía.

Las últimas palabras de ella en los versículos 2.20-22, —«en un día de solemnidad...»— «¿Es esto lo que merezco?», muestran que está planteando una pregunta de justicia. «Aun si yo estaba equivocada, ¿tienes que matar a todos mis hijos?» Esa es su voz. No hay consuelo, no hay reconciliación. Dios no ha hablado. Dios está completamente callado.

Tenemos una nueva voz en el capítulo 3, la del hombre fuerte. Además, podemos observar que Dios nunca habla en el libro de Lamentaciones. ¿Por qué? ¿Por qué Dios no habla en medio del más profundo dolor de la gente? ¿Por qué callará? ¿Qué está pasando cuando ella habla por sí misma? ¿Es posible que Dios esté honrando su dolor con sólo escuchar? ¿Escuchando atentamente? Porque una palabra de Dios consumiría, sobrecargaría o desecharía su voz. Cuando tú hablas demasiado pronto, en medio del dolor de la gente, muchas veces lo desechas. Cuando un niño pequeño está llorando, muchas veces lo mejor que se puede hacer es sentarse, ver y escucharlo. No resulta tratar de explicarle todo porque de todas formas no puede entenderlo. Sólo escucha. Aquí está Dios en la postura de sólo escuchar. Él está dejando que ejerciten su propia voz en vez de usurparla al hablar y decir alguna gran verdad.

¿Es posible, entonces, que al final Dios le esté dando dignidad? Podría ser que Dios esté diciendo: «Me puedes hablar de esta forma. Puedes levantar tu voz y hablar en medio del dolor, ya que si hablo de tu dolor te voy a empequeñecer». ¿Es posible que la voz de Dios esté actuando al ayudar a la hija de Sion a clamar? Dios da aquí un espacio increíble y muestra un control asombroso en este texto al simplemente escuchar: «Dale». Él dice: «Ni siquiera voy a decir una palabra. Sólo te voy a escuchar» (Jueces 19). Lamentaciones muestra de forma hermosa que hay espacio para la gente que sufre en este texto donde su voz puede ser dignificada. El trabajo de la iglesia es permitir que su voz se escuche, cosa que no hace. Marginamos a los poetas. Los condenamos. Necesitamos aprender la manera de permitir que su voz se escuche. Dejarlos articular su propio dolor, aunque sea teológicamente desordenado, es un acto de dignidad.

Luego en el capítulo 3 la voz del hombre fuerte entra al drama. La mayoría de los teólogos cree que este hombre es Jeremías. El centro exacto de Lamentaciones está en el versículo 33 y en el hebreo el centro de la poesía es siempre lo más importante. Su punto es que Dios no brinda dolor intencionalmente a nadie. Es bajo el gran dolor y el control que permite que eso suceda.

Por último, en 3.40 habla la comunidad. El punto aquí es que la comunidad habla al final, no al principio. El narrador es desapasionado, un teólogo juzgador (la iglesia). Su voz establece la tensión tratando de explicar toda esa maldad. La hija de Sion habla por sí misma porque nadie más hablará por ella. Y luego el hombre fuerte entra y ofrece algo distinto a lo que el narrador pudo pensar y algo diferente a lo que la hija de Sion podría articular. Y finalmente la comunidad habla: «¿Escudriñemos nuestros caminos?» *Nuestros*... Se emplea un lenguaje plural. Estamos en el fondo del foso. El «hoyo» que es el principio de la metáfora de este curso. Todas las voces están exclamando el hecho de que están en un hoyo. Este es uno de los más profundos del Antiguo Testamento y Dios parece estar diciendo algo aquí: «No teman». Dios parece decir eso, aunque es indirecto. No hay un lenguaje directo de Dios en Lamentaciones. Dios está callado.

En el capítulo 4 el narrador nos da un recorrido por la devastación. Aquí actúa un poco más suave. «Ve y mira nuestra desgracia». La comunidad se une a su lenguaje (5.1). Ya le han escuchado. Ahora le están diciendo a Dios que venga y vea. La comunidad finalmente habla por ella. «Ven y ve nuestra desgracia». Es interesante observar que quisieran que Dios viera su desgracia.

Hay un tipo de plan ambiguo, aunque conclusivo, en el capítulo 5: «Mas tú, oh Jehová, permanecerás para siempre; tu trono de generación en generación...» (19). No han encontrado una solución limpia, al final de todo todavía no tienen nada. Lo único que tienen son sus propias preguntas. «¿Por qué te olvidas completamente de nosotros...? Vuélvenos, oh Jehová, a ti, y nos volveremos...» (5.20-21).

«Porque nos has desechado; te has airado contra nosotros en gran manera» (5.22). Esto deja abierta la posibilidad de que tal vez esa situación esté más allá de cualquier solución, en el lugar donde vive la gente que sufre. Esta es la pregunta y parece que Dios no contesta. ¿Por qué?

Jesús hizo la misma pregunta y nunca obtuvo respuesta, «Dios mío, Dios mío, ¿por qué me has desamparado?» (Marcos 15.34).

La primera pregunta que alguien que sufre hace es «¿Por qué?» y casi nunca recibe respuesta.

¿Es esto cierto? ¿Por qué pasa? Nadie obtiene una respuesta. Dios se calla, hasta con Jesús. Como el narrador en Lamentaciones, podemos venir con todo el tipo de respuestas teológicas al porqué hay sufrimiento pero eso no ayuda a la gente. No cuando están en medio del dolor y el sufrimiento. La pregunta viene ¿con qué fin? Phillip Yancey dice lo siguiente: «Transforma la pregunta por qué en *para qué*». Así que ahora que estoy en medio de este gran sufrimiento Dios, cómo quieres que lo use para cumplir tus propósitos. Dios casi siempre guarda silencio frente a nuestras preguntas acerca del sufrimiento. Nos preocupamos por nuestras dudas, mientras parece ser que a Dios no le afligen. Al menos no lo explica.

Desafortunadamente la iglesia actúa como el narrador, lo que angustia a las personas que están sufriendo. La hija de Sion se levanta y clama: ¿Podrías al menos verme?

Con la victoria de Dios podemos entrar al sufrimiento. Algunas veces usamos esa victoria como excusa para desechar el sufrimiento, minimizarlo o excusarlo (la teología de gloria). Pero es porque Dios es victorioso que podemos entrar al sufrimiento de otros, por lo que deberíamos resistir la tentación de limpiar las cosas. Queremos proteger a Dios limpiando las cosas para Él.

Lamentaciones enseña que eso es algo bello. Las historias de las personas comienzan a salir a la superficie. No se trata de los jóvenes todavía, porque nuestro dolor comienza a salir a la superficie. ¿Dónde estaba Dios cuando murió mi hijo? ¿Dónde estaba Dios cuando mi esposa y mi familia fueron destruidas? Sí, yo estaba equivocado, pero ¿dónde estaba Dios? ¿Cómo justificas esto? Aun si Dios está en lo correcto al hacer lo que hizo eso no previene que expresemos algunas preguntas porque ya no es sólo acerca de teología. Es acerca de «aunque estás en lo correcto, no creo que esto lo sea». No me gusta. Parece que Dios dice: «Muy bien, hablemos. No estoy amenazado por tus preguntas y tu frustración».

Así que es aquí donde nos preguntamos a qué se asemeja el ministerio del lamento. ¿Qué es el ministerio de lamento? Haz que sueñen cómo enseñar efectivamente y animar a los jóvenes a escribir lamentos. La cultura del hip hop ya lo averiguó pero, ¿cómo se lo enseñamos a las personas en la iglesia? ¿Dónde está el espacio para el lamento?

Hay toda una serie de salmos que se llamaban «Salmos de subida» que eran usados como alabanza camino a Jerusalén. Eran lamentos, liturgia de alabanza. ¿Dónde está esto en nuestros servicios de adoración hoy?

Tengo un amigo de Denver que se llama Scott y trabaja con huérfanos en Rumania. En un retiro de fin de semana les enseñó la adoración con lamentos. Rehusó la tentación de tratar de limpiar teológicamente todo para esos chicos, por lo que les permitió hablar directamente desde su propio enojo y dolor. Cuando aprendemos a entrar en el dolor y no permanecer fuera como el narrador llegamos a la solidaridad con la gente adolorida, lo que abre todo tipo de puertas al evangelio.

En esos países donde esos pandilleros continúan multiplicándose y matándose cada día, están ubicados nuestros edificios. Sin embargo, nuestras congregaciones han sido diseñadas para alcanzar al rico, al abogado, al juez y para evitar ser confrontados con el dolor y el sufrimiento. En otras palabras, representan una gran amenaza para esos chicos. Nunca pondrían un pie en nuestras congregaciones, ya que están llenas de sus archienemigos y de personas que huyen del dolor y que ni siquiera quieren darle una mirada. Están enfermizamente cegados con la extrema perspectiva abusadora de la teología de la prosperidad. No me malentiendan, no tengo pleito en contra de las congregaciones grandes. No sólo estas son irrelevantes a la hora de alcanzar a esos chicos. Pero estoy en contra de esas congregaciones que intencionalmente ignoran el dolor y el sufrimiento de cierto grupo de la población porque no pueden ofrendar o dar diezmos. El liderazgo ofensivo y escandaloso busca romper paradigmas y salirse de lo normal para ser impactante y relevante. El término «cambio de paradigma» representa la noción de un cambio principal de cierto modelo de pensamiento, un cambio radical de creencias personales, sistemas complejos u organizaciones, sustituyendo el antiguo modo de pensar con una forma radicalmente diferente de pensamiento u organización. La creencia, en los corazones de los líderes ofensivos y escandalosos es que el objetivo principal del liderazgo es afectar la conducta de sus seguidores para que estos a su vez afecten lo que hacen realmente. Sin embargo, por obvio que esto parezca, unos creen que el objetivo del liderazgo se ha hecho incongruente con la forma actual en que ellos dirigen. Un nuevo paradigma del liderazgo ha sido propuesto y discutido por la gran mayoría de líderes cristianos jóvenes. Aunque hay personas que apoyan este concepto «del cambio de paradigma», algunos críticos cuestionan si eso es realmente un paradigma. Quizás los cambios recomendados podrían ser simplemente descritos como reformas de la manera actual en que los líderes conducen a los seguidores a un mayor enfoque espiritual, lo cual no necesariamente hacen. Necesitamos líderes que ayuden a otras personas para que puedan ser lo que Dios los ha llamado a ser. Sin embargo, los líderes que realmente están interesados en los demás pueden estar influenciados por esos paradigmas, comprendan o no realmente tal cambio.

Cada vez más, los movimientos en América Latina se cuestionan los resultados del liderazgo, para mejorar el modelaje y reenfocar las definiciones de liderazgo y las responsabilidades a fin de parecerse más a Cristo. Unos ven esas transformaciones como señales de un cambio sistémico potencialmente más grande en paradigmas, lejos de lo que ha sido etiquetado como un cambio simple. Los cambios de paradigma ocurren cuando «las dificultades o las anomalías comienzan a aparecer en el funcionamiento del paradigma existente y llegan a un punto en que no puede ser controlado adecuadamente» y cuando existe «un paradigma alterno que responde a todo lo que el paradigma original explica... y [eso] ofrece la verdadera esperanza para solucionar las dificultades principales que afronta el paradigma actual».[2]

Los problemas bajo el paradigma existente han sido destacados por una ola de crítica que comenzó a mediados de 1990. Tal crítica identificó el problema principal que encara el liderazgo en América Latina como la falta de armonía entre lo que esa región necesita y lo que recibe de los modelos de liderazgo que tenemos en la actualidad. Para mantenerse al corriente de la aceleración del cambio y los abusos en América Latina, la sugerencia ha sido —a los seguidores que cuestionan el liderazgo—, que se eduquen a niveles que maximicen su credibilidad. Algunos de estos proponentes afirman: «En resumen, tenemos que educar a más personas, educarlos con estándares mucho más altos, y hacerlo con eficiencia y tan eficazmente como sea posible».[3]

Los abogados del cambio ven los modelos de liderazgos actuales como deficientes para provocar cambios en nuestras congregaciones y el mundo. Bajo estos estilos de liderazgo muchos seguidores son «arrancados» de nuestras congregaciones, y de aquellos que siguen muchos que carecen de habilidades importantes. Los paradigmas han sido propuestos como un marco o un juego de principios que permiten la solución de estos problemas.[4]

Los paradigmas son más que cambios incrementales en los procedimientos o prioridades organizativos de una institución. Mejor dicho, implican un cambio natural e intencional ajeno a la organización o institución. Este cambio en perspectiva requiere numerosas modificaciones:

- Crítica positiva acerca de los estilos de liderazgo actuales.

- Liderazgo compartido con los seguidores. Líderes y discípulos aprendiendo juntos.

- Un liderazgo compartido, proporcionando acceso a los recursos para los discípulos cuando lo necesiten.

- Un liderazgo que «crea ambientes y experiencias que atraigan a sus seguidores a descubrir y crecer», en vez de uno que simplemente transfiere conocimiento desde el púlpito.

- La revisión continua, desarrollo, pruebas, implementación y evaluación de una variedad de experiencias eficaces incluyendo nuevos ministerios y misiones.

- Líderes cuya responsabilidad principal sea el modelaje de una vida piadosa de servicio, con menos énfasis en la posición tradicional o el título, sobre todo en las características de las posiciones sin tener que rendir cuentas a los apóstoles y profetas.

Muchas de las ideas que acabamos de ver en la lista anterior, continuaron siendo un desafío en los últimos años. Sin embargo, si el liderazgo escandaloso y ofensivo se lleva a cabo puede ser cuestionable ya que muchos de los líderes tradicionales están firmes y profundamente enraizados en sus propios y pequeños imperios. «Los paradigmas dominantes no se pueden cambiar fácilmente debido a que los líderes tradicionales han sido "eficaces" en su propia opinión y los seguidores han sido engañados para continuar en su ceguera».[5]

Para poner totalmente en práctica un cambio de paradigma, la estructura completa requiere una reforma que incluya: la manera en que vemos el liderazgo en vez de creer simplemente que alguien es líder porque declara que lo es. La nueva conceptualización de unos verdaderos fieles diferentes de los modelos tradicionales; el cambio de dirección de liderazgo ajeno a la manipulación y reputación de los medios y en cuanto a los asuntos de la piedad; así como la redefinición del mismo concepto de eficiencia y éxito.

A pesar de los desafíos que estos cambios indudablemente representan, hay un grupo vocal y activo de partidarios del cambio de paradigma. Por ejemplo, la juventud está abocada a la reforma; los jóvenes están conscientes del papel que juegan esos paradigmas en cuanto a la importancia de las Escrituras. La iglesia reconoce la oportunidad que tenemos de promover un cambio verdadero y sano.

Las relación entre las congregaciones y los ministerios están siendo forjadas para enfocarse en la necesidad de reevaluar la manera como desarrollamos el liderazgo. Por lo tanto el liderazgo trata más acerca de lo que somos que de lo que hacemos. Si una generación de líderes escandalosos y ofensivos sigue promoviendo estos paradigmas y las congregaciones ven la necesidad de cambiar sus métodos y tradiciones es más probable que los nuevos métodos de liderazgos como los que hemos sugerido sean puestos en práctica.

Capítulo 5
Cristiano o secular

Todavía estoy tratando de entender por qué insistimos en categorizar las cosas. ¿Qué es más fácil... decirle a alguien que algo es cristiano o secular, o darle las herramientas para que pueda distinguir entre lo bueno y lo malo? Por la condición de muchos líderes hoy en día está claro que es más fácil enseñar a categorizar que enseñar a distinguir entre bueno o malo. Pero ¿es esto lo que Dios nos llamó a hacer? Definitivamente no es nuestra responsabilidad como líderes enseñarles a las personas a categorizar. Esta categorización ha hecho muchísimo daño. Tendríamos que preguntarnos si el café que tomamos es cristiano o secular, o si el auto que manejamos es cristiano o secular o, aun peor, si la verdad es cristiana o secular. Tendríamos que ser retados a aprender a tocar jazz. Permíteme explicarme.

Imaginémonos y pongamos en perspectiva dos estilos de música muy común, pero a la vez un tanto contrarios, la música clásica y el jazz. La música clásica está diseñada para ser tocada exactamente como la escribió el compositor. La forma como se mide el éxito en la ejecución de una pieza clásica es tocándola exactamente como lo quiso el compositor. En este tipo de composición las trompetas no tienen la libertad de hacer lo que quieran, es decir, improvisar sobre la partitura preestablecida. En la Quinta Sinfonía de Beethoven, por ejemplo, no se tiene la libertad de hacer un trémolo cualquiera. La música clásica funciona mejor cuando se toca como lo quiso el compositor.

Está predeterminada, no existe un solo espacio para dialogar o bien introducir una nueva nota musical.

Al contrario, con el jazz se tiene el principio y el final pero lo que pasa en el medio depende de los músicos. El éxito se mide en base a si se trae o no una voz distinguida y única para la música. Cada vez que se toca jazz se hace de diferente forma, pero siempre tiene dirección. Por supuesto, no se tiene la libertad de hacer cualquier cosa que se quiera, ya que hay que respetar la base, o «chart», como se le conoce en el mundo musical. Eso no sería jazz, sería caos. En ese tipo de música tienes la libertad de incorporar tu propia voz a la pieza. Si no traes tu interpretación propia, la pieza falla. Si la traes, sonará diferente cada vez que se toque.

Ahora, hay una nota especial dentro del jazz que fue inventada por sus ejecutantes. Se llama «la nota triste» (conocida en inglés como «the blue note») el quinto bemol. Es la nota que el jazz inventó para darle voz al dolor. Es esa nota que cuando se toca sola suena disonante o parece que estuviera equivocada. No suena bien sola. Es la nota que le da voz al dolor y es lo que se trata de hacer con una conversación de teología de jazz. Cuando abrimos las Escrituras buscando quintos bemoles, algunas personas se confunden porque no han escuchado esa nota antes. Estamos buscando el quinto bemol. Esa nota en las Escrituras le da voz al dolor porque lo que haces con tu dolor me dice más acerca de ti que cualquier otra cosa que hagas. ¿Cómo le dan las Escrituras voz al dolor?

Hacemos teología de jazz con un enfoque especial en el quinto bemol. La única forma en la cual estas cosas tienen éxito es si traes tu propia voz a lo intenso. Si es solamente la voz de una teología dominante, controladora y autoritativa, que insiste en categorizar las cosas y no permite que se reconozca a Dios tocando en *toda* la pieza musical y utilizando su propia voz, no funciona. Pero si además traes tu voz a lo intenso, cada vez es diferente. Cuando se hace este tipo de liderazgo único se repiten las actuaciones. ¿Qué voz vas a traer como líder? ¿Has sido entrenado más como un músico clásico que como uno de jazz? ¿Es tu cristianismo más parecido a la música clásica —en la que tratas de hacer todo exactamente como el compositor lo escribió—, es decir, un sistema dominante, en donde ya todo quedó categorizado y no hay lugar para la soberanía de Dios o crees que Dios es soberano y puede sin duda alguna tocar un jazz contigo? ¿Tienes permiso en tu liderazgo para que suenen otras voces sabiendo que Dios toca contigo y su soberanía le permite utilizar otras notas musicales que no están categorizadas en la música clásica?

Así que ¿eres un músico clásico o uno de jazz? ¿Eres el líder que escoge lo más fácil y que decide categorizar todo sin darle lugar a Dios para que toque otras notas? Hay lugar para la música clásica, ya que cuando se toca bien es absolutamente bella. Pero también lo hay para el jazz. Pensemos por un momento en lo siguiente: ¿Cuántos diríamos que somos más músicos clásicos? ¿Cuántos diríamos que somos jazzistas? Los músicos de jazz y los clásicos a veces no saben qué hacer unos con otros. Por eso es bueno saber de dónde vienes. Algunos músicos clásicos son los peores músicos de jazz porque están tan limitados por hacer bien las cosas que cuando se trata de improvisar no saben qué hacer. Es necesario que tengamos gracia, verdad y amor para hacer eso. Lo necesito, lo necesitamos. Este tipo de liderazgo ofensivo y escandaloso no es para obsesionarnos con el perfeccionismo. Este liderazgo es para las personas que quieren explorar la cruz de Cristo a través del quinto bemol del jazz, mediante el reconocimiento de la soberanía de Dios sobre todo lo creado.

Permíteme mostrarte uno de los peligros de categorizar y no tener la habilidad de distinguir entre lo bueno y lo malo. Sígueme en este razonamiento y piensa solamente en el peligro de categorizar. ¿Quién estaba encargado de la música en el cielo? Todos sabemos que Satanás estaba encargado de la música. Lucifer fue creado con una gran abundancia de talento musical que evidentemente debía ser usado para dirigir a las criaturas angélicas en la adoración a Dios (Ezequiel 28.13).

Estamos también convencidos de que junto con él cayeron todos sus talentos y habilidades. Esto quiere decir que el diablo puede usar la música para engañar. Es más, sabemos que la utiliza para eso. Ahora, ¿quién es el padre de toda mentira? Sabemos que Satanás es el padre de toda mentira. Sin embargo, ¿dónde está la gente menos engañada... dentro de las congregaciones o fuera? Esperamos que la gente menos engañada esté adentro de las congregaciones, ya que allí se enseña la verdad de Dios. Ahora pregunto, ¿por qué perdería tiempo el diablo tratando de engañar a los que ya están engañados? ¿Por qué mejor no se infiltra en la iglesia con la música y la llama «cristiana», sabiendo que la mayoría no sabe distinguir entre la música buena y la mala? Así que la categorización provee una oportunidad para engañar y confundir en vez de proveer herramientas para poder identificar lo bueno y lo malo.

Tal vez parte del problema sea que decimos que creemos en la verdad pero no confiamos en ella. En otras palabras corremos cada vez que surge en los medios algo que ataca nuestras creencias. Durante sus quince minutos de fama, James Cameron (productor de cine, no arqueólogo), salió en los medios masivos de comunicación diciendo que había encontrado la tumba de Jesús y que tenía pruebas de su ADN (tomándonos a todos como unos idiotas ya que para poder presentar pruebas de ADN tendría que poseer alguna muestra original del propio Jesús para poder compararlas.) Unos días después de la disparatada declaración de Cameron, me atreví a decir en mi programa de radio *Al Punto* —que se trasmite los miércoles de 9 a 11 de la noche, hora de Miami, a través de la cadena satelital CVC La Voz (www.cvclavoz. com)— que si James Cameron encontró los huesos de Jesús y lo puede probar, quemaba mi Biblia y renunciaba al cristianismo. Al instante llegaron mensajes electrónicos diciéndome que cómo me atrevía a decir tal cosa. El razonamiento de uno de mis críticos más serios era que su fe no necesitaba pruebas de la resurrección porque era más fuerte que eso.

¿Qué? ¿Cómo? ¿Una fe basada en nada? Mi fe en Cristo está basada en hechos. Pablo mismo dijo: Sin la resurrección nuestra fe es vana. En su Primera Carta a los Corintios 15.16-19 lo expresa:

> Porque si los muertos no resucitan, tampoco Cristo resucitó; y si Cristo no resucitó vuestra fe es vana; aún estáis en vuestros pecados. Entonces también los que durmieron [murieron] en Cristo perecieron. Si en esta vida solamente esperamos en Cristo, somos los más dignos de conmiseración de todos los hombres.

Yo no sé en qué está basada la fe de tantos «cristianos». Espero que no sea una fe que cuelgue de presunciones y categorizaciones.

No tengo nada en contra de la cantidad de buenos libros que salieron a explicar las mentiras de *El código Da Vinci* y la de James Cameron. Solamente quisiera decir que la posibilidad de que Cameron nos pruebe que son los huesos de Jesús es la misma de que Hugh Hefner (fundador de la revista pornográfica *Playboy*) enseñe abstinencia en las escuelas, o sea, es imposible. Lo que quiero decir es que el problema que tenemos es que muchas personas se preocupan más por la mentira, aunque digan que creen en la verdad. Decimos que enseñamos la verdad pero todavía categorizamos y seguimos dándole cosas al diablo que nunca fueron de él. Decimos: música del diablo, falda del diablo, arete del diablo, tatuaje del diablo. Creo que él ya no roba porque los cristianos le regalamos todo. Hemos llegado a entregarle hasta toda una generación de chicos o porque están tatuados o porque son violentos o porque roban o porque violan o por todas esas cosas juntas. Escucho congregaciones que concuerdan con lo que hacen los gobiernos para tratar a los muchachos de las pandillas. Desde programas como mano dura o supermano dura. Permíteme darte un panorama un poco más amplio de la situación.

El autor Henri Nouwen, reflexionando en su extenso recorrido y ministerio en América Latina escribió: «Estoy convencido de que el destino espiritual de las personas de Estados Unidos esta íntimamente conectado con el de la gente en América Latina. Estoy muy golpeado por la idea de que lo que está pasando en las comunidades cristianas de América Latina es parte de la manera de Dios de llamarnos en el norte a la conversión. Incluso siento que conocer a Dios en Estados Unidos ya no puede separarse de la manera en que Dios esta dándose a conocer en América Latina».[1]

A pesar de que escribió esas palabras hace más de veinte años, resuenan cada vez más hoy en día. La epidemia de las increíblemente violentas y altamente organizadas pandillas transnacionales, están vinculando a Centro y Norte América de un modo en que él nunca se imaginó.

El problema que encaramos

En Guatemala hay aproximadamente doce millones y medio de habitantes, hay un estimado de 12,000 a 170,000 miembros activos de pandillas. Por considerable mayoría, las dos más notables son la Mara A y la B*. La palabra *mara* proviene de un modismo de Centroamérica que se refiere a desagradables enjambres de hormigas carnívoras.

Estas dos no son las pandillas normalmente conocidas en Estados Unidos. Expertos las han distinguido como «pandillas de tercera generación», porque han crecido y evolucionado hacia unidades multinacionales con operaciones criminales extremadamente sofisticadas. Ambas operan eficazmente a través de las fronteras internacionales. Se enganchan en el crimen transnacional; sus actividades rompen los sistemas nacionales e internacionales.

Nacido en Estados Unidos

Bruce Springsteen nunca pensó en las pandillas callejeras transnacionales cuando escribió su famosa canción titulada «Born in the USA» [Nacido en Estados Unidos], pero es exactamente ahí donde nacieron

---

* Por cuestiones de seguridad de nuestros capellanes no citamos los nombres verdaderos.

las dos más grandes y violentas pandillas que aterrorizan Centroamérica. La mara "B" se inició entre mexicanos inmigrantes en Los Ángeles, California, durante los inicios de los años setenta, luego de que otras pandillas de hispanos no les permitieron unírseles. Creció rápidamente aceptando inmigrantes centroamericanos ilegales que ninguna otra pandilla parecía querer. Fue la primera pandilla hispana que reclutó fuera de su ambiente geográfico inmediato, a menudo enrolando en sus filas a jóvenes y adolescentes para sus actividades ilegales.

La "A" fue formada alrededor de 1980 en el mismo vecindario que la "B", pero entre los nuevos migrantes salvadoreños. En ese tiempo, cerca de un millón de personas viajó desde El Salvador como resultado de la guerra civil de los doce años anteriores. Se cree que al menos la mitad de ese millón, entraron ilegalmente a Estados Unidos. Algunos de ellos habían sido reclutados previamente por fuerzas de la guerrilla en vecindarios pobres en San Salvador, por lo que tenían buenos conocimientos en armas de fuego, estrategias de combate y explosivos. Los miembros mantuvieron lazos estrechos con las facciones en Centroamérica, convirtiéndola en una pandilla verdaderamente internacional.

La historia de la portada de la revista *World*, del 18 de junio de 2005 se titula: «Un vecindario cerca del tuyo: Las pandillas, la amenaza criminal de más rápido crecimiento para el país». El artículo reporta que «los oficiales federales calculan que hay unos diez mil miembros de la pandilla en todo Estados Unidos, convirtiéndola en la amenaza urbana más grande, que todos parecen desconocer».[2] El artículo también señala que «el creciente tamaño de la pandilla y la brutalidad de la misma tiene a los agentes de justicia desde Estados Unidos hasta Centroamérica clamando por soluciones». De acuerdo al reporte, esta pandilla se ha esparcido a treinta y un estados del país.

Señales de esperanza, historias de gracia

Visité a un pastor juvenil de nuestra red de entrenamientos llamado Javier, que trabaja —y reside— en una comunidad saturada de pandillas en las afueras de Ciudad de Guatemala. Mientras recorríamos sus calles, confirmó lo que los medios de comunicación afirman: El vecindario completo está bajo el control de las amenazas de muerte de los miembros de las pandillas.

Javier me mostró algunas edificaciones nuevas que se están construyendo a costa del «impuesto de protección» que los comerciantes y residentes locales son obligados a pagar mensualmente a la pandilla. «Los miembros de la misma pasan una vez al mes a recolectar la tarifa de "seguro" de los negocios y casas para que no les roben», dijo Javier. Cuando pregunté cuantos de los negocios de esa comunidad eran forzados a pagar ese impuesto, me respondió enfáticamente: «Todos».

Luego nos dirigimos hacia la iglesia de Javier, donde un joven estaba barriendo diligentemente las gradas del frente. Cuando salimos del carro y nos acercamos a él, levanto la mirada y cubrió su cuello y sus brazos, los que tenía llenos de los tatuajes distintivos de la pandilla.

«Es Jaime [nombre ficticio]», me dijo Javier. «Era uno de los líderes clave a nivel nacional de una pandilla muy importante y recientemente entregó su vida a Cristo. ¿Te gustaría entrevistarlo?» La respuesta, por supuesto, fue un resonante ¡Sí!

Ocho meses antes, una señorita del grupo de jóvenes de la iglesia invitó a Jaime a un retiro de un fin de semana. En la actividad, Jaime entregó su vida a Jesucristo y desde entonces se ha mantenido creciendo con firmeza en su desarrollo espiritual.

Lo que más alentó mi corazón durante esa entrevista fue un «mapa de oración por las pandillas» que Jaime estaba usando como instrumento diario para orar. Cuando le pregunté si podía verlo, desapareció a través de una puerta tras quitarle el pasador. «Debe esconder el mapa», me dijo Javier, «porque si alguno de los miembros de la pandilla lo ve, probablemente lo matarían». Jaime regresó con dos carteles con mapas dibujados a mano: uno de Guatemala y otro de Centroamérica.

En los mapas estaban los nombres de las «clicas», es decir, las filiales de la pandilla con los sobrenombres de sus respectivos líderes. Jaime me miró intensamente y dijo: «Yo oro por cada una de estas clicas cada día y por cada uno de los líderes clave que las controlan, para que conozcan a Cristo como yo lo he hecho». En la parte superior de los afiches se lee en letras grandes: «Pandillas para Cristo».

Al fin llegué al punto en que le pregunté a Jaime si temía o no por su vida desde que abandonó la pandilla. Como si hubiera estado esperando la pregunta, simplemente sonrió con tranquilidad y dijo: «El primer versículo de la Biblia que memoricé cuando me convertí en cristiano fue: "Para mí el vivir es Cristo y el morir es ganancia". Eso, básicamente, me dice que no tengo nada que temer».

Cada vez que la endémica violencia que nos rodea me desanima, pienso en Jaime y su mapa de oración, y me animo de nuevo. También recuerdo el testimonio de tres jóvenes miembros de una pandilla, en otro peligroso sector de la Ciudad de Guatemala, que se convirtieron a Cristo por la evangelización de una iglesia increíblemente creativa. Hace poco, durante un curso de liderazgo para ministerios juveniles, llevamos a los estudiantes a visitar esa iglesia. Ahí, durante un receso en el programa, el pastor juvenil nos presentó a mí y a un amigo a tres jóvenes líderes de células que estaban fuertemente involucrados en una pandilla.

Nosotros, por supuesto, pensamos que se trataba de «ex miembros de pandillas» por su conversión a Cristo y el papel que jugaban en el liderazgo, así que les preguntamos acerca de las consecuencias que habían enfrentado después de abandonar la pandilla. Se quedaron perplejos viéndonos. «Deben entender que no hemos abandonado las pandillas. Si las dejamos, perderíamos todo el respeto y la capacidad de compartir nuestra fe eficazmente con ellos. Las células que dirigimos son con nuestros compañeros. Hemos decidido quedarnos en la pandilla para poder alcanzarla para Cristo desde adentro. ¿No es eso lo que Jesús hizo cuando dejó el cielo para unirse a una pandilla llamada humanidad, para transformarla desde dentro?»

Impresionados por su profunda y escandalosa aplicación de la encarnación de Cristo les preguntamos si el pastor general de la iglesia y el consejo directivo sabían que aún seguían activos en las violentas actividades de las pandillas. Con una sonrisa en sus rostros respondieron casi al unísono: «¡Por supuesto que lo saben! Nosotros somos sus misioneros, estamos comprometidos a alcanzar a los miembros de las pandillas para Jesús».

En realidad, si lo primero que hacemos —como cuerpo de Cristo— es calificar las cosas y establecer esa separación absurda entre cristiano y secular e insistimos en ello, lo que estaríamos sugiriendo es que Dios no puede trabajar en medio de las pandillas como lo están haciendo esos chicos.

Estrategia de transformación

Basado en historias verdaderas como estas, y con la intención de lanzar un movimiento de líderes juveniles en América Latina —que unidos transformen sus respectivas naciones—, se ha desarrollado una «Estrategia de transformación» que involucra a tres organizaciones: Liderazgo Juvenil Internacional, el Centro para la Misión Transformadora y Misión Mundial de la Iglesia Cristiana Reformada. La estrategia consiste en un programa de dos años y medio que consta de cinco cursos que duran tres días cada uno, con un seguimiento aplicado en sesiones mensuales a grupos establecidos para la reflexión teológica, el trabajo en redes de ministerio juvenil, una consulta nacional de juventud en alto riesgo y visitas a lugares que posean modelos exitosos de programas de alcance encarnacional para la población juvenil en alto riesgo.

Considerando lo que muchas iglesias y ministerios creen en cuanto a la juventud de alto riesgo se refiere, el objetivo es «mantener a los jóvenes apartados de las calles en las cuales la juventud de alto riesgo juega». Esa estrategia actualmente opera en Nicaragua, El Salvador y Guatemala, con fuerte interés de seis países más para lanzar la iniciativa.

Prohibida la hipocresía

El último mes, durante una entrevista con dos miembros de una pandilla recién convertidos en una iglesia de San Salvador —que tiene un buen programa de alcance para pandilleros—, escuché un dicho que ha sido repetido por casi cada miembro activo o no de pandillas que he entrevistado en Centroamérica.

Tal como ocurre cada vez que pregunto cuál era su impresión acerca del cristianismo antes de su conversión, y afirman que —igual que la vasta mayoría de los miembros que conocen—, tienen un gran respeto por el cristianismo, aunque no toleran la hipocresía. Destacan una frase común: Una «conversión auténtica al cristianismo» es a menudo la única manera aceptable, aparte de la muerte, de dejar la pandilla con seguridad.

Así es que la mayoría de los miembros de pandillas que han experimentado una conversión auténtica al cristianismo han podido salir de ellas con pocas consecuencias negativas, pero hay un fuerte énfasis aquí en la palabra *auténtica*. Si un ex miembro de una pandilla está asistiendo a la iglesia los domingos, pero es descubierto viviendo una vida el resto de la semana que es incongruente con ese compromiso, probablemente vendrán serias consecuencias. No es raro abrir un periódico y ver una foto de un cuerpo (cubierto por una manta) de un supuesto ex miembro de pandillas que había dicho tener, pero no había reflejado, una «auténtica conversión al cristianismo».

Una oportunidad para la iglesia

Qué oportunidad más grandiosa para la iglesia, para que dé un paso profético hacia el remolino de violencia que está engañando y frustrando a los oficiales del gobierno, policías, jueces y líderes de organizaciones seculares.

El tiempo de actuar es ahora. Lo que a menudo me conmociona más en las conversaciones que he sostenido con esos jóvenes es su uso de la palabra *todavía* cuando describen el respeto que los miembros de las pandillas tienen hacia el cristianismo. Eso implica que aun cuando haya un alto nivel de respeto por el cristianismo entre los pandilleros de América Central, ellos temen que va a tener poca duración si la iglesia no se levanta y aprovecha las oportunidades que aún no han aprovechado.

Sin embargo, debido a que esas pandillas actúan de manera rampante en Estados Unidos, tal como en Centroamérica, la iglesia estadounidense debería estar igualmente preocupada. ¿Será que los jóvenes de esas pandillas, para bien o para mal, están llevando a un vínculo de los destinos espirituales de Norte y Centroamérica? Cuando uno considera historias como esas, ciertamente parece creíble.

En mi entrevista con Jaime, le pregunté cuál era su mayor miedo referente al escenario futuro en Guatemala e inmediatamente me expresó su temor por los «nuevos reclutas» que están siendo enrolados en sus filas. «Ellos van tras los chicos de doce y trece años, que están probando ser más propensos a un nivel de violencia mayor», explicó. «La iglesia debe salir de sus bancas y llegar a las maras donde están esos niños y jóvenes. Si no lo hace, me aterra pensar cómo estará Centroamérica en unos diez a quince años».

Con la obra de Dios en la vida de jóvenes como Jaime, los tres «misioneros» de la Iglesia Nueva Jerusalén, y un alcance efectivo como el que vi en San Salvador, yo también estoy ansioso por ver cómo estará

Centroamérica en diez o quince años. Pero para mí, no es terror lo que abruma mi corazón. Tengo una emoción expectante por ver a nuestro gran Dios en acción.

Está claro que el diablo va a usar cualquier cosa que esté a su alcance; por lo que nuestra responsabilidad es enseñar a distinguir entre lo bueno y lo malo para así deshacernos de las categorizaciones vacías y necias.

Aclaremos y dejemos afirmado y confirmado que no existe la verdad cristiana o secular. La verdad toda es de Dios. La clave es ayudar a las personas a tomar decisiones basadas en la verdad divina y saber distinguir cuando esta es manipulada por el enemigo para engañar. Quisiera tomar un momento para explicar un diagrama que aprendí de uno de mis profesores en la universidad. Este diagrama está directamente relacionado con nuestra cosmovisión respecto a la verdad de Dios. (Ver diagrama más adelante.)

Iniciemos nuestra conversación entendiendo que Dios (Jesucristo y Espíritu Santo) se reveló al ser humano a través de Su revelación general (Su creación) y Su revelación especial (la Biblia). Si entendemos que estas dos revelaciones vienen de Dios, sabemos que no se pueden contradecir ya que ambas vienen de la misma fuente: Dios. Él es inmutable, nunca cambia. Dios es coherente, por lo tanto la creación y la Biblia son coherentes y no se contradicen. En nuestro diagrama la separación entre la Biblia y la creación ilustra nuestro esfuerzo por entender ambas cosas. Para entender la Biblia los seres humanos inventamos la teología y para entender la creación nos inventamos las ciencias. Es importante aclarar a estas alturas que la teología y las ciencias se contradicen todo el tiempo. Por ejemplo, nuestra teología podría concluir que la homosexualidad es una conducta pecaminosa que el individuo escoge y la ciencia podría concluir que existe un gen humano que trae la homosexualidad como parte de la genética de ciertos individuos, la cual ellos no pueden escoger. Cuando la teología y la ciencia se contradicen hay tres posibilidades:

1. Nuestra teología está mal hecha y nuestra ciencia bien.
2. Nuestra teología está bien hecha y nuestra ciencia mal.
3. Tanto nuestra teología como la ciencia están mal hechas.

Pero si hacemos bien nuestra ciencia, es inevitable que entenderemos mejor la creación, y como resultado conoceremos mejor al Dios de la creación. Igualmente si hacemos bien nuestra teología entenderemos mejor la Biblia y, como resultado, conoceremos mejor al Dios de la Biblia. En otras palabras, toda ciencia bien hecha es cristiana porque me lleva inevitablemente a Dios, a menos que decida ser un hipócrita intelectual y concluya otra cosa excepto que Dios existe y es maravilloso.

Por eso no creo que sea necesario decir que tenemos colegios cristianos, ya que si hacemos bien las matemáticas o la biología o la antropología o la filosofía o la sociología, inevitablemente llegaremos a conocer mejor la creación y como resultado conoceremos mejor al Dios de la creación. Nuestro problema ha sido que categorizamos incluso la verdad, encerrándola en nuestros colegios cristianos y nuestros templos cristianos, como que si pudiéramos categorizarla y decir que cierta verdad es del diablo. ¡Jamás! Toda verdad viene de Dios y le pertenece. Por lo tanto deberíamos —como líderes ofensivos y escandalosos— asegurarnos de que estamos entregando a nuestras congregaciones y organizaciones las herramientas para distinguir entre lo bueno y lo malo. Necesitamos toda una generación que sepa distinguir entre una buena novela y una mala novela, entre una buena obra de arte y una mala obra de arte, entre una buena canción y una mala canción, etc... No necesitamos una generación que lo único que sepa hacer es escoger basado en categorías vacías y baratas.

Siempre encuentro jóvenes que desafían el hecho de calificar.

La mayoría de la gente lo hace, gente que puede ser calificada de múltiples formas. Por ejemplo, imagínate que un joven viene a nuestra congregación y tiene tatuajes en todo su cuerpo. Si califico a la persona que tiene tatuajes como pecadora y satanista, podría indicar también que es un ladrón, un violador o un adorador de Satanás o todo lo anterior combinado. Eso es una suposición, ya que no conozco a la persona.

Sólo sé, por las categorías que aprendí en la iglesia, que todo eso es malo. O bien, imagínate que tengo a otra persona joven, con quien trabajo estrechamente y que siempre parece perseguir cosas insistentemente —incluso ir a la iglesia y llevar su Biblia a todas partes—, rechazando rendirse aun cuando podría haber sido mejor que lo hiciera. Eso podría indicar que esa persona es admirablemente persistente o que es tontamente obstinada.

En muchos casos, la tendencia a calificar implica cierto grado de incertidumbre y convicción de carencia por parte de la persona que toma decisiones basadas en suposiciones preordenadas o presuposiciones. Sabemos que la curiosidad no mató al gato, pero las suposiciones si lo hicieron.

¿Cómo se resuelven tales incertidumbres? Dado ese marco, la aculturación cristiana y la categoría social etiquetan a la gente; de modo que elegir un objetivo proporciona el fundamento para muchas futuras deducciones y evaluaciones que no tienen validez, excepto por gusto y opinión.

Hay que examinar las suposiciones que afectan las categorías que las personas asocian con ciertos conflictos y comportamientos que finalmente puedan tener implicaciones importantes para una nueva generación de líderes jóvenes.

El tipo de incertidumbre creada por una calificación particular sigue afectando la capacidad de nuestros nuevos líderes al momento de tomar decisiones hechas por convicción (Hebreos 11.1).

En psicología, la incertidumbre es a menudo tratada como un concepto uniforme y sencillo que simplemente representa ausencia de información precisa.[3] Sin embargo, en alguna instancia se han hechos importantes distinciones entre las diferentes incertidumbres y las condiciones que producen. Una de esas distinciones que han sido hechas tanto en literatura sobre decisiones bajo incertidumbre como en la activación del conocimiento entre instancias de incertidumbres son vagas o ambiguas. Incertidumbre vaga existe cuando hay una carencia general de la información en cuanto a un juicio o un objetivo particular.

En términos de calificación, un objetivo vago sería aquel en el que hay pruebas débiles para la categorización. En términos de categorización, un objetivo vago podría ser uno en el que sólo hay una evidencia débil para categorizarlo. «Sin embargo este es uno de los retos de la categorización, porque es difícil saber cuál, si hubiere alguna de las alternativas, es débil para aceptar».[4] Por ejemplo, piensa en el joven de los ejemplos mencionados anteriormente. Como tiene tatuajes, se le relaciona con las categorías de ladrón, poco confiable, violador, satánico o malo.

El que intente calificar a esa persona sería confrontado con una incertidumbre vaga y tendría que decidir si cualquiera de esas categorías es adecuada aunque la Biblia enseñe que no debemos juzgar por las apariencias.

Hay una historia de un grupo de policías que estaba buscando persistentemente a un ladrón que los despistó escapando por un gran edificio. Ellos se dieron cuenta de que el edificio tenía varias salidas y que no había suficientes policías para cubrirlas, por lo que el ladrón —sin mucha ayuda—, podría escapar saliendo por una puerta que no estuviera cubierta o resguardada.

Al lado de este edificio grande había uno más pequeño con unas pocas salidas. La policía entonces se dirigió a este edificio sabiendo que el ladrón no sería capaz de evadirlos; después de todo, ellos tenían todas las salidas cubiertas. Fue así que con seguridad le aseguraron al público que tenían la situación bajo control.

Esta historia es una parábola acerca de las soluciones oficiales a los problemas y preguntas que la gente joven tiene hoy. En el caso de algunos líderes actuales, el ladrón podría representar las soluciones con dilemas de la juventud concernientes a la verdad, los tatuajes, la perforación del cuerpo para insertarse aretes en el ombligo, la nariz, la lengua, etc., la música, los estilos y las modas. Los problemas personales, el edificio y el ladrón evadido podrían ser la situación no detenida, y los policías los expertos uniformados (el liderazgo), los que arreglaran nuestros problemas, y cuyo consejo de vez en cuando inteligente pero definitivamente perjudicial ha tenido el efecto de componer la severidad de los problemas a los que ellos realmente no se han dirigido (el ladrón que huyó hizo más travesuras).

Esta parábola trata acerca de por qué tenemos que movernos más allá de la calificación (o cambios de edificios) y a un nuevo acuerdo radicalmente diferente de lo que todos hemos usado. Tenemos que ser líderes que enseñen a la gente cómo discernir; distinguir entre lo correcto e incorrecto.

Hay una tendencia natural a que la suposición sea aceptada como verdad. Leí en algún sitio que una cultura es un grupo de presunciones compartidas. La gente comparte una presunción común y cree que eso es verdad. Por ejemplo, en los Estados Unidos la gente asume que es bueno tener su propia arma sin otra necesidad que protegerse de otras personas que también tienen las suyas. En Australia, la gente presume lo contrario. Creen que a menos que uno sea residente del país, puede necesitar un arma para realizar sus deberes como granjero, de otra forma no debería tener una.

Sin entrar en los derechos y los males de la situación, he aquí dos culturas que tienen muchas semejanzas, pero comparten presunciones opuestas. Si te diriges a la gente de cada uno de esos países, no considerarían la presunción (de tener o no tener armas) como tal. Lo verían como algo normal. Así son las cosas.

Queridos hermanos, es tiempo de compartir lo que han aprendido de mí. Sin embargo, cuando compartan con otros deben estar seguros de que integraron lo que les enseñé aparte de su vida laboral. Los principios que he compartido con ustedes sólo se aplican en situaciones ajenas a su vida laboral. No pretendan insertarlo en este contexto. Los milagros que vieron en mí sólo pueden ser hechos en ciertas situaciones ajenas a la vida laboral. Guarden esto en su mente cuando piensen orar por el enfermo o el perdido. Esas verdades no funcionan en el mercado.

¿Luce absurdo? Puede ser, pero es la manera de pensar de muchos en nuestro mundo de hoy. Lo espiritual no se mezcla con lo cotidiano. «Lo que pasa el lunes no tiene ninguna relación con lo que ocurre el domingo», dicen. Estos son los pensamientos expresados en nuestros días, aunque no se digan en tales términos. Reflexionemos más acerca de esta idea.

Cuando Jesús vino a la tierra, ¿cómo qué vino? Como carpintero. Un hombre preparado para trabajar con sus manos y proporcionar un servicio honesto a su prójimo. No vino como sacerdote, aunque era Rey y Sacerdote (Apocalipsis 1.6). Cuando llegó el tiempo de reclutar a aquellos sobre los que la iglesia sería fundada, eligió a doce hombres; desde un pescador hasta un recaudador de impuestos, un doctor, etcétera. Todos ellos eran del mundo. Es interesante observar que ninguno de sus discípulos era sacerdote en la congregación judía, un lugar natural del cual escoger reclutas si hubiese que comenzar un movimiento religioso. Jesús los llamó a todos ellos de sus lugares de trabajo. ¿Fue accidental que Jesús llamara hombres y mujeres que estaban trabajando para desempeñar un papel tan vital en Su misión? Pienso que no.

Cuando Dios creó la tierra, mostró algo de los seres humanos. Él es artista, diseñador, planificador estratega, organizador, desarrollador de proyectos, asesor, zoólogo, biólogo, químico, lingüista, programador, especialista en materiales, ingeniero y técnico gerencial en asuntos de reciclajes. Este trabajo no se terminó cuando creó al hombre, eso era sólo el principio en Su continuo cuidado por la humanidad.

Por tanto, no deberíamos hacer una calificación entre lo «sagrado» y lo «secular», todo el trabajo refleja la actividad divina. Dios se honra cuando trabajamos con el objetivo de reflejar Su vida en nuestra existencia y en nuestro trabajo. Entonces, ¿por qué y cómo comenzó la sociedad a dibujar la separación entre lo cristiano y lo secular?

A través de la historia de la iglesia, las personas que tienen un trabajo a tiempo completo en la obra han creado una distinción muy definida contra aquellos que tienen trabajos «seculares». Parecen haber pequeñas pruebas de esta diferencia en la Biblia. A menudo oímos testimonios de aquellos que dejaron empleos «normales» para entrar al campo misionero u otro trabajo cristiano «de tiempo completo».

Dos pequeñas palabras, que malinterpretan a Dios y Su plan, han sido usadas por el enemigo para desarrollar un sistema de castas dentro del cuerpo de Cristo: el «clero», aquellos llamados al «ministerio profesional» o «ministerio de tiempo completo»; y los «laicos», que no son llamados. Mi convicción es que todos los que somos cuerpo de Cristo, somos llamados «al ministerio a tiempo completo».

Como permitimos que este sistema de castas perturbe nuestro pensamiento, creamos un problema para muchos que experimentan un fuerte llamado de Dios en sus vidas. Necesitamos tanta terminología como un modo de pensar que trabaje para eliminar el concepto ciudadano de segunda clase en el reino de Dios. (Hablaremos de esto en el capítulo 8.) Dios nunca ha dicho esto. Él ayuda a muchos líderes a comenzar a entender el verdadero llamado como discípulos del Señor Jesús, pero con papeles diferentes para realizar en el cuerpo de Cristo. Y ningún rol es menos santo que otro.

La influencia griega ha afectado a muchas sociedades occidentales con sus filosofías y su cultura. Nuestro enfoque competitivo, la segmentación de la vida entre lo secular y lo sagrado, el racionalismo y el razonamiento, todo ello nos mueve a perseguir un objetivo intelectual en cuanto a nuestra fe más que tener una fe simple y confiada. La raíz de ello yace en la civilización griega. Y ha acaparado tanto nuestro pensamiento y modo de ver la vida que hemos perdido nuestra capacidad de entender a Dios y relacionarnos con Él como lo hacía la iglesia primitiva.

Cuando la iglesia creció y extendió sus fronteras más allá de Jerusalén, los creyentes se vieron influenciados por una amplia gama de filosofías. La pureza y el poder de este mensaje fueron afectados por la cultura dominante, la cultura griega. A esto le siguieron dos rebeliones judías importantes en el año 70 A.D. y el 135 A.D., que le dieron forma en la iglesia a una visión griega centrada en el hombre.

Los primeros eruditos griegos como Platón introdujeron el dualismo, que afirma que la vida está dividida en dos partes: lo espiritual o eterno y el reino físico temporal. El dualismo de Platón entró en la iglesia por muchos de los padres de la iglesia que eran filósofos griegos que se habían convertido al cristianismo.

Ellos intentaron conciliar el pensamiento griego con el cristianismo.

Dios nos toma en el proceso de la vida y permite que desarrollemos habilidades específicas y talentos para alcanzar Sus objetivos. El mundo es el escenario donde tenemos la mayor oportunidad de mostrar esos dones. Cuando el joven David subió contra Goliat, era sólo un pequeño pastor. El rey Saúl le ofreció su armadura para protegerse del gigante filisteo, pero David sabía que el peso de aquel armatoste sería un obstáculo para él. Por eso usó las habilidades que había desarrollado como pastor para proteger a sus ovejas. Una honda y unas piedras eran sus armas.

Cuando llegó el momento de que David ejerciera su fe en Dios y matara al gigante, empleó los talentos con los que Dios lo había entrenado. Los campos de pastoreo fueron las tierras en las que se formó David. Allí aprendió a luchar contra los leones y a proteger a sus ovejas. Ahora protegería a las ovejas de Dios.

Dios nos da los mismos talentos para conseguir las cosas que quiere que consigamos. Sin embargo, no todos seremos héroes. Algunos han sido llamados para usar sus talentos sirviendo a otros para beneficiar el reino de Dios. La fe de David fue lo que hizo que Dios le diera la victoria. David declaró que vino en nombre del Dios vivo y que el mundo entero conocería al Dios de Israel debido a la derrota de Goliat infligida por un pequeño pastor de ovejas. Esta fue la causa por la que Dios le dio la victoria sobre Goliat: para que el mundo pudiera conocer al Dios vivo.

Dios nos puso en este mundo. Este es el lugar donde tratamos con los desafíos diarios de la vida, pero también es aquí donde Dios quiere revelar Su gloria «de modo que el mundo conozca que Él es Dios». Alguien dijo que tendrías muchos «empleos» antes de que te integraras al llamado «principal» que Dios tiene para tu vida. He visto este principio en acción. Dios usa la formación temprana, como con David, a fin de prepararnos para batallas y experiencias futuras, las que usará para sus propósitos con nuestras vidas.

Dios quiere que usemos nuestros talentos y capacidades con los que ha permitido que seamos entrenados para Su mayor gloria en este mundo. Para muchos de nosotros, esos talentos fueron dados para proporcionar servicios valiosos a nuestros empleadores para la gloria de Dios. Podemos sentirnos cómodos sabiendo que no hay llamado más sublime que estar donde Dios quiere que estemos.

Deberíamos detenernos un momento y recordar nuevamente que antes que nada, hemos sido llamados a tener una relación personal con Dios por Jesucristo. De esta posición depende todo lo demás. El fruto de nuestra relación con Cristo nos mueve al nivel de nuestro llamado al trabajo. Tal labor —sea en el campo misionero o entregando el correo—, es un llamado sagrado de Dios. La razón por la que Dios sostiene cada trabajo es que creó a cada persona a Su imagen —con un objetivo preciso en este mundo— para reflejar Su gloria en todos los aspectos de la vida.

«Y todo lo que hacéis, sea de palabra o de hecho, hacedlo todo en el nombre del Señor Jesús, dando gracias a Dios Padre por medio de él» (Colosenses 3.17). Él sabe el número de los cabellos de nuestra cabeza y lo que somos capaces de hacer en la vida (Salmos 139). Si apartamos esta parte de nuestra vida, cortamos la expresión de Su vida en el mundo. Sin embargo, no nos dejaría hacer eso de ningún modo. Él sabe que hay muchos que nunca oirán el evangelio porque no entrarán en una iglesia.

Esforcémonos por la excelencia en todo lo que hagamos para el Maestro del universo. «Y todo lo que hagáis, hacedlo de corazón, como para el Señor y no para los hombres; sabiendo que del Señor recibiréis la recompensa de la herencia, porque a Cristo el Señor servís» (Colosenses 3.23-24). ¿Son nuestros líderes tan ofensivos y escandalosos al punto de que rechacen calificar a otros a la vez que viven para Cristo y dirigen a los demás a hacer lo mismo dirigidos por el Espíritu de gracia y verdad?

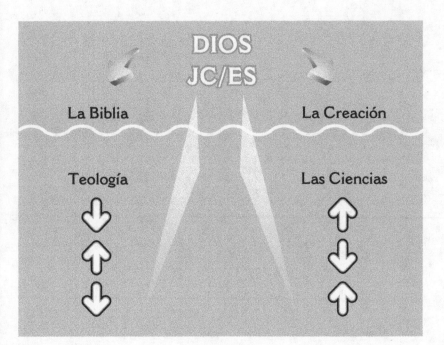

Capítulo 6
Los reinos contra el «Reino»

Esta parte es más personal que las otras, por lo que estoy viviendo ahora mismo. En efecto, estoy escribiendo esta sección en un vuelo a una reunión que define e ilustra la realidad de este capítulo. Es triste decirlo, pero cuando empecé a buscar modelos de organizaciones o instituciones que se unieran para trabajar juntas, el proceso se tornó muy lento y complicado. Fue más fácil encontrar ejemplos de congregaciones, organizaciones e instituciones que se dividieron. Fue más sencillo hallar congregaciones que eran imperios o reinitos en proceso de desarrollo que operaciones intencionales por unir esfuerzos y recursos para lograr más para el reino de Dios y no el del líder. Liderazgo Juvenil Internacional, Otra Onda y Dimensión Juvenil eran organizaciones muy efectivas trabajando independientemente. Es más, me atrevería a decir que cada una de ellas tenía potencial para seguir sin ningún problema y ser más grandes y eficaces.

Por alguna razón se nos ocurrió unirnos y convertirnos en una sola organización. Unirnos significaba que todos tendríamos que estar dispuestos a sacrificar algo. El proceso no fue fácil y hoy todavía estamos tratando de ajustar algunas cosas para evitar construir nuestro propio reinito y convertirnos en una organización que sirva al reino. El mundo está lleno de líderes que están construyendo su propio reino o imperio. Muchos de ellos no se dan cuenta de lo que están haciendo o, en algunos casos, lo saben *muy bien* y —sin embargo— les importa poco el reino o en otros casos construyen sus propios imperios diciéndose a sí mismos que realmente lo hacen por el reino. O hacen lo que hacen argumentando que en verdad lo están haciendo por el bien del reino, aunque todos saben que la motivación es egocéntrica y egoísta. La prueba sería si estuviéramos dispuestos a orar para que otras congregaciones en nuestra ciudad crezcan más que la nuestra. ¿Orarías para que otras organizaciones similares a la tuya fueran mejores y más efectivas?

Mi padre es un artista reconocido en el mundo de la pintura al óleo. Por muchos años enseñó a pintar a muchas personas. Como excelente maestro que es, logró que muchos empezaran a pintar como él y se convirtieran en su «competencia». Recuerdo el día que mi padre oró a Dios pidiéndole que ayudara a todos sus alumnos a ser exitosos y aun más que él mismo. ¿Ser más exitoso que el mismo? ¿Cómo alguien puede orar para que otros sean más exitosos que él? Si tenemos mente de reino y no de reinito, entendemos que estamos aquí para contribuir a que el reino de Dios crezca y nosotros podamos menguar. Fue eso lo que Juan el Bautista dijo: «Es necesario que él crezca, pero que yo mengüe» (Juan 3.30).

Para hacer eso tendríamos que preguntarnos cosas como: ¿Estoy dispuesto a intencionalmente buscar a otros líderes en mi ciudad y preguntarme cómo puedo ayudarles a ser más exitosos para el reino? ¿Estoy dispuesto a unir mis recursos con otros para el bien de la comunidad? ¿Estoy dispuesto a iniciar el proceso para que las iglesias en mi ciudad trabajen juntas, poniendo a un lado las diferencias doctrinales y las metodologías anticuadas? Tal vez debo preguntarme si podemos trabajar con la congregación que está a la vuelta de la esquina para mostrarle al vecindario que los cristianos podemos poner el reino antes que nuestros propios reinos.

Recuerda que escribo esto sabiendo que uno de los países que dice tener un cincuenta por ciento de cristianos tiene el problema de que las congregaciones más grandes no se pueden poner de acuerdo porque rara vez se reúnen sus líderes para preguntarse: ¿Qué podemos hacer juntos para el reino sin importarnos el beneficio o la pérdida para nuestro propio reinito o imperio «evangelicoide»? ¿Hemos convertido nuestras congregaciones en guetos cristianos? ¿En clubes cristianos? ¿Nos hemos rebajado a actuar como ministerios egocéntricos y egoístas? ¿Qué pasó con el ideal de exaltar el reino de Dios y no nuestras propias organizaciones? ¿Acaso llegamos a la bajeza de suplantar las relaciones con publicidad y mercadeo? ¿Realmente estamos siendo luz y sal o seguimos tan enfocados en nuestros propios reinos que hemos completamente olvidado cómo servir a un solo reino?

Una de las más profundas lecciones que hemos aprendido en los últimos veinte años al trabajar con jóvenes de alto riesgo es que debemos prestar atención especial a las preposiciones de la misión. En la escuela secundaria, aprendí que las preposiciones son palabras cortas que conectan pensamientos o ideas. Las preposiciones son conectores que relacionan las ideas con objetos u otras ideas, como por ejemplo «la pelota está sobre mi cabeza». Otra forma de explicar lo importante de las preposiciones es que a mis hijos no les gusta jugar «en» los juegos en el parque sino «sobre» los juegos. ¿Cuál es la diferencia entre las preposiciones? Aproximadamente cinco metros de altura. Ellos no juegan en los juegos sino sobre ellos. Por tanto, al ministrar debemos aprender a prestar atención minuciosa a las preposiciones que usamos.

He llegado a aprender que realmente hay tres preposiciones principales en la misión. La primera es la preposición «A». Los ministerios que la utilizan tienden a localizar el poder en lugares muy específicos y pequeños, como el púlpito. A menudo trabajan con los que quieren alcanzar en forma paternalista, lo que significa que acumulan el poder y se posicionan a sí mismos en un lugar superior sobre aquellos a quienes se sienten llamados a alcanzar. Un ejemplo de esto lo escuché una vez cuando cierto evangelista —en la televisión—, dijo que iba a *impregnar* a sus televidentes con la Palabra de Dios.

Una y otra vez gritaba: «Voy a dejarte impregnado esta noche». Es evidente que su ministerio consistía en lo que le hacía «a» la gente. Ese tipo de método realmente es una forma de violación espiritual. Lo mismo sucede en las familias disfuncionales en las que los padres —hambrientos de poder— enseñan a sus hijos a hacer algo, haciéndoselo «a» ellos. Los ministerios que ven la «misión» como algo que les hacen «a» otros son opresivos y emplean la violencia en el nombre de Jesús. Muchos cristianos están atrapados en sus iglesias y son profundamente oprimidos por el ministerio que se les está haciendo «a» ellos.

La segunda preposición a menudo se usa en tal clase de misión es la palabra «por». Son ministerios que hacen cosas «por» otros. En vez de ser paternalistas, este tipo de ministerios a menudo caen en la trampa de convertirse en maternales. Muchos somos los que hemos crecido en familias con madres que han intentado hacer más «por» nosotros de lo que realmente es saludable. En el ministerio juvenil tenemos la tendencia a hacer muchas más cosas «por» los jóvenes que las que ellos deberían estar haciendo por sí mismos. Estos son los tipos de ministerios en los que la gente debe buscar constantemente la aprobación de su líder o pastor en todo lo que hacen, ya que no tienen confianza para pensar o actuar por sí mismos.

Una tercera preposición común a la misión de la iglesia es «con». Se trata de la preposición encarnacional *Emmanuel* (Dios *con* nosotros). Cuando esta dirige la misión de una iglesia o ministerio, tanto los líderes como los jóvenes que quieren alcanzar son transformados. Su uso implica un costo que hay que pagar en el ministerio ya que toma mucho más tiempo y energía relacional y requiere que los líderes entreguen el poder en vez de guardarlo. Nosotros nos intimidamos al usar la preposición «con» porque no tenemos el tiempo y no nos gusta pagar el costo de vaciarnos a nosotros mismos con tal de ministrar con eficiencia a otros.

Un excelente ejercicio para tu equipo ministerial juvenil sería sentarse con esas tres preposiciones y evaluar tu propia iglesia o ministerio. ¿Qué preposición dirige o ilustra mejor a tu ministerio? ¿Qué se puede hacer de manera práctica para convertirte en un ministerio que use la preposición «con» en la manera en que vives tu misión?

PREPOSICIÓN	CARACTERÍSTICA	LLEVA A....
PARA	PATERNALISTA	OPRESIÓN
POR	MATERNAL	CODEPENDENCIA
CON	ENCARNACIONAL	TRANSFORMACIÓN

¿Cuáles son las preposiciones de tu ministerio?

Hay un reino que juzga la manera en que actúan muchos ministerios, organizaciones y congregaciones. Hoy tenemos el reino de Dios y miles de mini reinos. La humanidad fue creada para gobernar la tierra para Dios (Génesis 1.26, 28):

> Entonces dijo Dios: Hagamos al hombre a nuestra
> imagen, conforme a nuestra semejanza; y señoree
> en los peces del mar, en las aves de los cielos, en las
> bestias, en toda la tierra, y en todo animal que se
> arrastra sobre la tierra. Y creó Dios al hombre a su
> imagen, a imagen de Dios lo creó; varón y hembra
> los creó. Y los bendijo Dios, y les dijo: Fructificad y
> multiplicaos; llenad la tierra, y sojuzgadla, y señoread
> en los peces del mar, en las aves de los cielos, y en
> todas las bestias que se mueven sobre la tierra.

Pero fue la humanidad —a la que se le dio la autoridad para gobernar rectamente para Dios— la que cayó en el pecado, con lo que se sujetó al dominio de Satanás. Esta ha sido, en general, la historia de la raza humana durante diez mil años. No hay duda de que muchos de estos llamados ministerios, organizaciones e iglesias están dirigidos por personas con motivaciones incorrectas.

Hay un pasaje muy interesante en Génesis que ilustra cómo podemos tener la perspectiva divina. Es un vistazo a la idea de ver al Dios que ve. En Génesis 16 leemos la historia en la que Agar se convierte en la primera persona en las Escrituras que le da un nombre a Dios. Comenzamos la escena uno en Génesis 15 como escenario, pero el punto de la historia se desarrolla en Génesis 16. Para contar este relato, uno necesita estar familiarizado con los capítulos 15 al 22 de Génesis.

He aquí la historia resumida. La mejor forma de iniciarla es formulando la pregunta: ¿Cómo es Agar? Agar era una concubina (esclava sexual) de Egipto. Ella es del lugar donde algún día Israel terminará cautivo. Es una esclava sexual africana, de modo que es la primera en las Escrituras que tiene el honor de darle un nombre a Dios, a quien llama «El Dios que ve». Veamos si podemos tratar de entender esta historia y su contexto.

Escena 1: El pacto. Génesis 15

Abram está dormido. El pacto se hace sin su participación.

Apocalipsis 1: La vista como el autodescubrimiento de Dios

Gracia predecesora. Todo pensamiento, acción y hecho son precedidos por la expresión concreta de la gracia.

«Requiere gracia ver la gracia». Karl Barth

Conclusión: Dios ha ido antes que nosotros a las ciudades donde servimos.

La historia de Agar comienza con Abraham dormido. Dios viene y hace un pacto con él mientras aún duerme. Dios decide hacer un pacto mientras la humanidad duerme sólo para hacer saber que es su iniciativa. Así que antes de que lleguemos a Agar, tenemos que entender que

Abraham está dormido. La revelación aquí es que la vista comienza con Dios revelándose a sí mismo, no comienza con nuestra habilidad de ver. Nosotros ni siquiera somos el centro del universo. Dios es el centro de todo. Él es santo, santo, santo. Esta es la explicación de la «gracia predecesora». Como Karl Barth solía decir: «Requiere gracia ver la gracia».

Escena 2: El escándalo. Génesis 16.4

Sara: Casada, rica, libre, judía, estéril

Agar: Soltera, pobre, esclava, egipcia, fértil

Apocalipsis 2: La vista como conciencia

La vista en la Biblia siempre comienza con lo que es, no con lo que debería ser.

Conclusión: La disposición a ver la ciudad basado en lo que realmente es, no basado en la formación de mini reinos.

El escándalo es el contraste entre Sara y Agar. Sara es todas las cosas buenas pero es estéril. Agar es todas las cosas malas pero es fértil. Ese es el escándalo. El punto de la revelación, es decir, que si vas a ver bien tienes que ver las cosas como son y no como te gustaría que fueran. Nosotros los cristianos siempre estamos tratando de darle un giro positivo a todo porque queremos ver las cosas como deberían ser o comenzar conversaciones con lo que «debería» ocurrir. Lo que estamos tratando de decir es que la vista bíblica comienza llamando las cosas por lo que son.

La tentación es tratar de demonizar a Agar y pensar que fue tratada de esa forma por una razón que no conocemos. Por otro lado, queremos decir que Sara fue bendecida por alguna razón interna y asumimos que era única por su carácter moral. El texto no permite que hagamos eso ya que en esencia nos dice que tenemos que ver las cosas por lo que son. Agar es lo opuesto a todo lo que es Sara y aun así es fértil y Sara estéril. Una vez que hayamos aceptado eso, podemos hallarle sentido al resto de la historia. Así que la conclusión es que debemos estar dispuestos a ver la ciudad basados en lo que realmente es y no en lo que podría ser. Como ya fue dicho, el reino está construido; no hay razón para construir nuevos reinitos con la excusa de que servimos a Dios. Ojalá podamos ver como Dios ve. Así, como son y como están. Él es soberano y tiene todo bajo control.

Escena 3: El encuentro. Génesis 16.13

Agar huye al desierto.

Las primeras cosas de Agar:

Es la primera persona en la Biblia a quien un mensajero celestial visita.

Es la primera y única mujer que recibe una promesa de descendencia.

Es la primera persona que le da un nombre a Dios.

Apocalipsis 3: Viendo desde abajo

La parte en la que la Agar de nuestras ciudades y vidas ve al principio y con más claridad.

La iglesia institucional a menudo margina las mismas cosas que traen a la vista lo que tan desesperadamente necesitamos. He ahí la ausencia histórica de la iglesia en la ciudad.

Conclusión: La iglesia necesita la visión de Agar para ver a Dios trabajando en lugares difíciles.

Aquí es central el encuentro en el que Dios halla a Agar en el desierto. Agar recibe la dignidad, aun antes que Abraham, al ser la primera persona en darle nombre a Dios. Ella «lo entiende» seis capítulos antes de que Abraham lo haga.

Escena 4: El encuentro. Segunda parte. Génesis 21.18

Agar se desaparece en el desierto, donde se rinde.

Apocalipsis 4: Dolor que ciega

Cierto dolor puede ser tan sobrecogedor que fallamos en ver la provisión; por ejemplo, no vemos el pozo que está delante de nosotros.

Conclusión: El dolor no solamente bloquea la visión, también puede ser la encrucijada de la visión en nuestras ciudades y para ellas.

Agar se desvanece en el desierto por segunda vez y de nuevo Dios se le aparece.

Escena 5: El sacrificio. Génesis 22

Elohim X 4

La provisión

Yahweh X 4

Apocalipsis 5: Viendo por provisión

La provisión de Dios redefine la visión que Abraham tenía de Él.

Jehová Raah, el Dios que ve.

Conclusión: Los fieles (nosotros) somos los últimos en ver al Dios que ve y por ello necesitamos ejercitarnos en humildad y buscar a las Agar (menores, últimas y perdidas) para acercarnos a ellas.

Esta escena es la mejor. En el capítulo 16 Agar da nombre a Dios y además lo ve. En el 22 es el turno de Abraham. La bella pregunta que nos hacemos en Génesis 22 es: ¿Por qué le toma seis capítulos a Abraham, el padre de nuestra fe, llegar a la misma conclusión que una esclava sexual africana? En otras palabras, ¿por qué Agar es capaz de llamar a Dios el Dios que ve antes que Abraham? ¿Qué hay en Agar que le permite ver a Dios en una forma que Abraham no podía? Sobre todo cuando Abraham, en el capítulo 15, es el que recibe la promesa.

Este es el punto central de la misión: las Agar del mundo llegan a tener un tipo de vista o visión más claro mucho antes que los Abraham. En otras palabras, los chicos de la calle llegan a profundidades proféticas antes que la iglesia. Las Agar lo captan (entienden) antes que los Abraham. Esto debería ser una exhortación para nosotros, ya que tiene implicaciones radicales para la iglesia que no se enfoca en ella misma sino en los demás.

La implicación para la iglesia aquí (y Abraham es una metáfora para ella) es algo como lo que sigue: ¿Necesita escuchar y ser enseñada por las Agar porque casi siempre son ellas las que descifran las cosas antes que los Abraham? Ahora bien, ambos lo entienden, pero mira quién llega antes. Por eso es que la iglesia necesita la misión. No hacemos misiones porque tengamos piedad por las pobres personas que no conocen a Jesús; las hacemos porque creemos que esas personas tienen algo que decirle a la iglesia que muchas veces no podemos descifrar nosotros mismos.

El punto aquí es por qué Dios nos ve antes, pero nota a quién responde primero el Dios que ve. A la esclava sexual egipcia.

Debemos aprender a ver como ve Dios correctamente. ¿Cómo ve Él? ¿Qué sabemos de Agar? Que es una esclava egipcia. Una esclava del mismo lugar donde los judíos terminarán siendo esclavos. Tenemos a Abraham y a Sara, ninguno de ellos tiene paciencia para esperar en las promesas de Dios. Necesitamos asegurarnos de que no tratamos de limpiar mucho a Abraham porque en ningún lugar de la historia lo vemos ofreciendo una alternativa a la sugerencia de Sara. ¿Es él pasivo o activo en su relación con ella? Es *pasivo*. Abraham no se resiste a la idea de Sara, al contrario, está a favor de ella. No trata de resistirla. El texto dice que escuchó la voz de su esposa. Este es un comportamiento pasivo-agresivo. Él consigue lo que quiere utilizando a su esposa. Agar nunca se menciona por nombre en esta historia. Siempre se habla de ella en tercera persona. Se habla de alguien en tercera persona cuando se trata como un objeto.

Así que aquí tenemos una esclava sexual africana. Después que su hijo nace, Sara la desprecia. Primero consigue que acepte el plan y luego la agrede por segunda vez. Así sucede con los pobres. No sólo son pecadores sino que se peca en contra de ellos. Están doblemente maldecidos. Fue echada y utilizada, por lo que huye al desierto. Se le utiliza una y otra vez hasta que está en el desierto lista para morir.

Sin embargo, Dios se aparece y ¿qué hace primero? La llama por su nombre. Ahora es alguien. Qué poder hay en el sencillo acto de dar nombre a alguien. Piensa en las numerosas personas en nuestras comunidades que nunca han sido llamadas por su nombre. Dios viene con una bella pregunta. ¿Con qué pregunta viene Dios? ¿Con qué pregunta comenzarías? («¿Qué haces aquí?») Dios le pide que le cuente su historia. Ese es un bello ejemplo de entrega. Dios sabe exactamente de dónde viene y por lo que ha pasado, pero decide otorgarle poder con una sola pregunta. Observa esa humildad del Dios Todopoderoso que empodera a aquella mujer esclava, herida y quebrantada para que pueda ser capaz de articular su propia historia. Dios ya la conoce.

Dios dice: «He escuchado tu historia. La he oído. Y quiero que le pongas a tu hijo el nombre Ismael, que significa: Dios escucha. Así que llama a tu hijo "Dios escucha"». Entonces sucede lo inimaginable, una esclava sexual egipcia es la primera persona que le da un nombre a Dios. Lo llama el Dios que ve. Agar capta que Dios está tan profundamente dentro del caos de su vida que la ve en su condición.

¿Qué está sucediendo aquí? Pensábamos que Él era el Dios que escucha. ¿Por qué ella lo cambiaría y lo llamaría el Dios que ve? ¿Alguna vez alguien te ha escuchado en forma tan profunda e intensa que le dices: «Tú lo ves, ¿verdad?» Esta es una hermosa historia que deberíamos usar en nuestros ministerios con aquellos que han sido aplastados por la vida.

¿Cómo ganamos la vista? ¿Cómo vemos la Nueva Jerusalén? Yo diría que la única forma en la que podemos ver exactamente es si servimos al Dios que ve correctamente. ¿Sirves tú al Dios que ve? ¿Ve Él tu comunidad, cómo la ve? Nuestra vista está ajustada a la luz de la suya. ¿Es cierto? ¿Servimos a un Dios que ve? ¿Hay buenas noticias en esta historia? ¿Conoces una o varias Agar? ¿Puedes darles nombre? Sería interesante si tuviéramos tiempo para detenernos a orar por las Agar que conocemos y darles nombre, ya que la mayoría de ellas no tienen la dignidad de un nombre. Conoces a Agar a profundidad, de otra forma no estarías leyendo este libro.

Este es nuestro punto. Si quieres ganar una nueva visión para tu ministerio, no te vayas a la cómoda vista de los reinos versus el reino. No vayas a la reunión de oración del miércoles para encontrar una nueva vista. Esas son cosas buenas; pero si quieres ver, ve y encuentra a Agar. Diríamos, bíblicamente hablando, que es Agar quien ajusta la visión de la iglesia. Ve antes de que la iglesia vea.

Ahora bien, ¿cómo llama Abraham a Dios seis capítulos después? ¿Jehová Jireh? No. Eso no está en el texto. Este es el Dios que provee. La palabra que usa es el Dios, Jehová Raah, el Dios que ve. Está en el texto. No lo estoy inventando. ¿Ves lo que está sucediendo aquí? Una esclava sexual egipcia llega a la verdad antes que el padre de nuestra fe.

¿Cuál es el principio aquí? ¿Cuál es el punto? ¿Qué nos está enseñando Dios aquí? ¿Dónde deberíamos buscar? ¿A quién deberíamos escuchar? ¿Qué está diciendo Él? ¿Lo ves? ¿Ves lo que Dios está enseñando? Las primeras personas que «lo entienden» no somos los que estamos dentro de la iglesia. Por eso lo absurdo de construir nuestros propios reinos cuando Dios ya construyó el suyo. Los principios de desarrollo transformacional están basados en esto.

Los que lo entienden son aquellos que tú piensas que necesitan tu revelación. Esto nos llama a salir de nuestros edificios con la convicción profunda de que necesitamos lo que Dios está haciendo fuera de nuestros servicios y programas. (Más de esto en el capítulo 7, Centralización versus descentralización.) Esto no quiere decir que podemos ir y hacer que la gente pobre se sienta bien consigo misma. No, esto es mucho más profundo. Lo que estamos preguntando aquí es si existe la posibilidad de que las próximas voces proféticas para la iglesia sean las esclavas sexuales del mundo, las Agar de nuestras comunidades.

Nuestro problema como iglesia es que estamos buscando en los lugares equivocados y seguimos construyendo nuestros propios reinos. Dios dice: «Yo soy el Dios que ve y decido usarlos (a los quebrantados). Yo soy el Dios que ve y decido darles dignidad. Yo soy el que permito que una esclava sexual egipcia me dé un nombre». Siéntate con esta imagen de un Dios que ve y hazte la pregunta. Mucho antes de que hubiera Babilonia hubo una esclava egipcia. ¿Dónde terminaron los israelitas? En Egipto. Me pregunto si terminaron en Egipto por las mismas razones que terminaron en Babilonia. Tal vez porque Dios quería enseñarles cómo ver. ¿Ves lo que Dios está haciendo?

Si quieres ver tu ciudad correctamente sólo tienes que ser tan humilde como para admitir que como cristianos siempre somos los segundos o terceros en «entenderlo». ¿Ves la actividad de Dios? ¿Quieres ver la gracia divina como Bartimeo, que fue enviado de Antioquía para ver la gracia de Dios? ¿Desea alguien ver la gracia de Dios? Yo diría que tienes que conocer a una Agar porque ella lo verá antes que «Abraham». Y nosotros somos los Abraham. Vamos a ser los segundos o terceros en la fila para entender eso. ¿Quieres visión? Conoce a Agar.

Yo diría que las Agar son los profetas que antecedieron a los profetas que conocemos.

Hablando desde una perspectiva escritural, las Agar captan primero la visión. Ven cosas que el resto de las personas no vemos. ¿Es cierto o estamos siendo muy dramáticos? Si esto es cierto, si quieres un equipo visionario que te inspire en tu nuevo plan estratégico, ve y encuentra algunas Agar y pregúntales lo que ven (usa la percepción de las maras que tienen las megaiglesias). ¿Tienen que ser cristianos para ver lo que Dios está haciendo? En cierta forma, mientras más lejos estén de Cristo mejor, porque no están cegados por todas las expectativas que su iglesia y su religión tienen con ellos. En realidad están libres de ver la actividad de Dios sin persianas. ¿Cambia esto algo la forma en que ves las cosas? ¿Qué haces con eso? Con seguridad que alguien estará en desacuerdo con esto.

¿Qué nos ha impedido leer una historia como esta desde abajo? Esta es una forma particular de leer las Escrituras. Si mi tradición, mi experiencia y mi razón vienen todas desde cierto punto de vista, eso afectará la forma en que leo las Escrituras. A mí se me enseñó a leerla desde un punto de vista particular, basado en una tradición, experiencia y razonamiento particulares. Así que cuando abro las Escrituras, se me pide buscar al héroe. Hasta que reconozcamos este lente, no podremos aprender a leer de forma distinta. Tú y yo hemos sido enseñados a leer las Escrituras desde el punto de vista con el cual nos identificamos. ¿Quién es el héroe? Abraham es el padre de nuestra fe, así que queremos limpiar a Abraham. Así como nos gusta limpiar a David. Así como nos gusta limpiar a todos los héroes de la fe. Como ejemplo podríamos pensar en David solamente como el rey o el héroe que mató de una piedra a Goliat. Pero ¿cuándo pensamos en David como el jefe de una pandilla? ¿Cuándo fue la última vez que vimos a David como un adúltero y un asesino? Pareciera ser que insistimos en limpiar u obviar ciertas etapas de la vida de estos héroes de la fe.

Pero, ¿qué ocurriría si leyéramos las Escrituras no desde arriba, en una posición de poder y dominio, sino desde abajo? Hemos sido enseñados a leerla desde una posición de poder y dominio. Pero, ¿qué sucede cuando lo haces de forma distinta? Se lee muy diferente. Si leo esta historia desde abajo, Agar se posiciona en una forma totalmente distinta. ¿Qué son buenas noticias para los menores, los últimos y los perdidos de esta historia? Se enseña y se predica de forma distinta cuando se lee desde abajo. Puedo traer un lente completamente distinto para leer las Escrituras. Tenemos que luchar contra nuestra tradición que se resiste a que leamos desde abajo. Mi experiencia, mi tradición, etc., no son malas pero si es lo único que puedo usar para ver, afectará lo que puedo hacer.

Algunos sólo podemos ver nuestra comunidad desde cierta perspectiva y sólo podemos servir a la luz de esa visión. Sólo puedes actuar en base a lo que ves. No puedes actuar en base a las buenas noticias para Agar a no ser que alguien te lo muestre.

Jesús vino hace dos mil años a la tierra para restablecer el reino de Dios. Cristo anunció el reino de Dios usando a Juan el Bautista como su mensajero: «Y diciendo: Arrepentíos, que el reino de los cielos se ha acercado» (Mateo 3.2).

Jesús mostró lo real de su poder y su reino sobre Satanás, expulsando demonios, sanando a los enfermos y realizando muchos milagros. Jesús vino para salvar a su pueblo para el reino de Dios y restablecer como dice Génesis 1.28 (RV 1909) el propósito del hombre sobre la tierra.

> Y los bendijo Dios; y díjoles Dios: Fructificad y multiplicad, y henchid la tierra, y sojuzgadla, y señoread en los peces de la mar, y en las aves de los cielos, y en todas las bestias que se mueven sobre la tierra.

El reino de Dios se ha acercado (Mateo 4.17)

Desde entonces comenzó Jesús a predicar, y a decir:
Arrepentíos, porque el reino de los cielos se ha
acercado.

Aquellos que siguen y obedecen a Jesucristo como nuestro Rey
resucitado y victorioso son ciudadanos del reino de Dios. El reino de
Dios es nuestro mensaje en el tiempo final según Mateo 24.14:

Y será predicado este evangelio del reino en todo
el mundo, para testimonio a todas las naciones; y
entonces vendrá el fin.

Nadie es neutral. O estás bajo el dominio o control Satanás o bajo
el dominio de Dios. La gente que piensa que controla su propia vida está
realmente bajo el dominio de Satanás, el reino de su egoísmo describe
todo lo que era antes de que decidiera seguir a Jesús (Lucas 9.23). ¿Qué
reino representamos?

Amamos nuestras instituciones cristianas. Aquellos que diseñan,
crean y dirigen tales instituciones consiguen la satisfacción de sus logros.
En este aspecto, hay ciertas semejanzas entre los fundadores de instituciones cristianas e instituciones seculares. Es más, los dueños de algunas de esas instituciones cristianas son dirigidos por otras instituciones
seculares. Ambos están contentos con sus invenciones. Pero, a diferencia de los fundadores de la mayoría de las instituciones seculares, los
iniciadores de instituciones cristianas se ven como haciendo algo bueno.
Se ven como ayudantes de Dios. Se sienten bien creando una organización que proporciona un objetivo espiritual y lleva a cabo lo que ellos
ven como algo espiritualmente bueno.

Hay varios motivos obvios de por qué los hombres aman tanto sus
instituciones:

1. La institución humana es siempre lo que su fundador quiere que sea, nunca es más que eso. Puede ser una organización de adoración y alabanza, una organización caritativa, una organización constructora o una evangelística. El fundador, o en muchas situaciones director, siempre consigue tomar la decisión que forma y define su institución. Él, o ella, hace lo que quiere hacer, y nadie más tiene el derecho o la capacidad de hacer otra cosa. Hace con su organización como desee y la organización refleja su sabiduría. Los hombres son glorificados por sus instituciones u organizaciones.

La iglesia local fue diseñada por Dios, por lo que refleja Su sabiduría (Efesios 3.10, 11). Dios es glorificado por la iglesia (Efesios 3.21). Dios diseñó a la iglesia local para llevar a cabo el trabajo que quiere que los santos hagan colectivamente. Esto incluye lo siguiente: adoración (Hechos 2.42; 20.7; 1 Corintios 14.23, 26), benevolencia (2 Corintios 8.1; 1 Corintios 16.1-3), edificación (Efesios 4.16), y evangelización (Hechos 13.1-3; 1 Tesalonicenses 1.8). Funcionando en la iglesia local y por ella, se requiere que los hombres respeten el diseño divino, por eso no están en libertad de cambiar la naturaleza de la institución divina. Este es uno de los motivos por los que algunos hombres forman sus propias organizaciones; diseñan sus propias organizaciones de tal modo que les permite llevar a cabo sus propios planes. Distinguiendo sus organizaciones de la iglesia, los hombres se sienten cómodos desligándose de la responsabilidad del que gobierna la grey. Algunas de estas organizaciones no tienen ninguna responsabilidad en lo absoluto. En otras palabras, el director hace lo que quiere, como quiere y cuando quiere sin considerar el daño que hace. Mientras la mercadotecnia y la publicidad trabajen para promoverle las cosas están bien. Algunas de esas instituciones tienen fines de lucro aunque parezcan no perseguirlo. Que Dios tenga misericordia de nosotros.

2. Las instituciones humanas siempre sirven al objetivo de su fundador y sus directores, nada más. Esto se observa cuando el fundador (o director) autoriza y contrata. La organización lleva a cabo las

intenciones del fundador (director). Este fija tanto la misión como el plan de su organización.

La iglesia local ha sido divinamente confiada para llevar a cabo el propósito y las labores que han sido diseñados y adjudicados por Dios (Efesios 4.12-16). Cristo es la cabeza de la iglesia, por lo que esta se comporta como Dios manda (Efesios 5.23). Él sostiene las iglesias locales en Su mano derecha (Apocalipsis 1.20).

Uno decide deshacerse de las riendas divinas que limitan a la iglesia a hacer ni más ni menos que lo que Dios ordena, al formar una organización propia, egocéntrica y avara, y no funcionando para servir realmente a la iglesia local. Esto hace a la institución humana bastante atractiva en la mente de muchos. Es un alivio. La gente se siente libre de hacer lo que quiere con sus propias organizaciones humanas.

3. Las instituciones humanas siempre son gobernadas por la forma de liderazgo que decide el fundador o director, nunca es de otra manera. Sea dirigida por un individuo, como una única propiedad, o por un grupo selecto de empresarios, es el director quien tiene la última palabra en cuanto al tipo de liderazgo mejor para su organización, y él decide la clase de calificaciones que los líderes deben poseer. El liderazgo puede existir en toda la organización en forma de multijerarquía. El liderazgo puede tomar decisiones como lo juzgue conveniente, o puede tomar decisiones para la organización sin tener en cuenta su naturaleza y alcance. Si es una organización global, las decisiones pueden ser transmitidas desde la oficina central y dirigidas a todos los miembros de la organización, incluyendo posiciones satelitales y entidades subsidiarias.

La iglesia local es gobernada por ancianos calificados. Las calificaciones se enumeran en 1 Timoteo 3.1-7 y Tito 1.6-9. Uno no puede servir como anciano si carece de estas calificaciones. No puede haber ninguna «regla de hombre» en una iglesia que pertenezca a Cristo (Hechos 14.23; 15.2; 20.17; Tito 1.5). En otras palabras, la carencia de responsabilidad refleja lo peor de la gente que es libre de hacer independientemente lo que quiera.

Algunas organizaciones cristianas no imponen esas limitaciones divinas a sus líderes. No requieren una multiplicidad de líderes. Ni los requisitos de Dios. Ellos no limitan el alcance del descuido de los líderes a sólo el grupo de gente y la posición donde están. No prohíben los arreglos jerárquicos del liderazgo. Otra vez, está claro por qué algunas personas deciden establecer sus propios reinos sin respetar lo que Dios realmente quiere. Ellos pueden gobernar y dirigir como les plazca. No están limitados por los patrones organizativos del Nuevo Testamento. Pueden hacer el trabajo de la iglesia sin las exigencias del liderazgo que Dios requiere.

4. Las organizaciones humanas son casi ilimitadas en sus métodos para recaudar fondos. Pueden vender todo tipo de servicios, desde alimento hasta gasolina, y todo tipo de productos, desde libros hasta balas, a fin de recaudar fondos para su proyecto. Muchas de esas organizaciones hacen colectas que a menudo funcionan con fondos recaudados por productos o servicios que venden. Por ejemplo: Las universidades pagan los gastos con el dinero que ganan por medio de la matrícula y otros esfuerzos organizados para recaudar fondos. Las casas editoriales pagan los gastos con el dinero ganado por la venta de materiales. A propósito, las librerías son mercados minoristas, si están autorizados para patrocinar a un evangelista, cualquier otro mercado minorista estaría autorizado para hacer lo mismo.

Las iglesias locales son limitadas en sus métodos de recaudación de fondos. El modelo del Nuevo Testamento es claro: las iglesias locales recolectan fondos por las contribuciones voluntarias que dan los fieles durante cada primer día de la semana (1 Corintios 16.1, 2; Hechos 2.42). En las Escrituras no se les anima a las iglesias a operar como un mercado minorista ni a vender servicios a fin de recaudar dinero. Puesto que las instituciones humanas son casi ilimitadas en sus métodos para recaudar dinero, eso las hace muy atractivas. Los fondos son necesarios para realizar proyectos y programas. Los trabajos como benevolencia y evangelización pueden ser muy costosos, especialmente cuando se hacen fuera del país. Se necesita dinero para predicar el evangelio, y cuanto más grande sea el trabajo, más costoso será. La gente puede hacer el trabajo de la iglesia operando como una organización humana, sin las limitaciones financieras de la iglesia local. Pueden recaudar dinero de cualquier forma que consideren adecuada y cualquier día que lo consideren conveniente. Puede que no se limiten a las contribuciones voluntarias de los fieles. Sin embargo, el punto aquí es que sin responsabilidad y transparencia muchos de esos reinos funcionan en cierta forma hipócrita.

Hemos visto algunos reinos tomar pretextos espirituales que les hacen creer que se requiere que usen métodos de financiación y recolección no autorizados. Sólo podemos preguntarnos cuántos de esos imperios motivados por el egoísmo y el egocentrismo habrán tenido mesas en el templo cuando Cristo vino y los echó.

5. El alcance del trabajo del mini reino egoísta puede ser tan grande, o tan pequeño como decida el director. Puede ser diseñado de tal manera que se limite a cierta área o para realizar una función mundial. Estos mini reinos apelan a algunas personas, porque no están limitados en su tamaño y alcance. Pueden hacer lo que quieran, y como quieran aunque eso signifique arruinar las relaciones.

Incluso, algunos de esos mini reinos (negocios que parecen ser organizaciones ministeriales) quieren hacer más (o menos) mientras el director es exaltado. Conduciendo inexorablemente al establecimiento de fundaciones, organizaciones, instituciones, cooperativas y negocios que serán capaces de facilitar el desarrollo de un pequeño imperio para el director. Tristemente, muchos de los creyentes parecen incapaces de evitar el pequeño modo de pensar del reino. Se sienten incapaces e ineficientes espiritualmente operando en forma colectiva dentro de los límites de lo que Dios les ha autorizado y establecido. El líder escandaloso y ofensivo nunca debe tener esa mentalidad. Debe colocar su fe en los arreglos espirituales de Dios. Dejar que la casa editorial sea eso, la editorial; dejar que la librería religiosa sea eso; dejar que la universidad sea lo que afirma ser, y respetar la autoridad divina de tal manera que podamos funcionar como grupo. «A él sea gloria en la iglesia en Cristo Jesús por todas las edades, por los siglos de los siglos. Amén» (Efesios 3.21). Porque todos tenemos que unirnos para el reino de Dios y no para nuestros pequeños reinos.

Capítulo 7

Centralización versus descentralización

Esto tiene varias implicaciones. Una de las más relevantes es que no podemos permitir que confundamos la función del templo (un lugar físico de cuatro paredes) y la iglesia (los verdaderos seguidores de Cristo) con una reunión en un lugar «edificio». Estoy convencido de que tendríamos personas más comprometidas con Dios y Su palabra si las sacáramos fuera de los edificios que han llegado a ser llamados *iglesia*. Si insistiéramos en salir de nuestra comodidad y de la centralización enfermiza que tenemos tendríamos un cambio en nuestras sociedades. Lo que Dios pensó que debía ser un ejército de personas saliendo al mundo para verlo como Él lo ve y sentirlo como Él lo sintió se ha convertido en grupos de personas que llegan a un lugar para cantar y escuchar una predicación que muchas veces es aburrida e irrelevante al mundo que hemos de impactar.

Parece que estamos reproduciendo pequeñas torres de Babel. En lugar de salir, le decimos a la gente: «Quedémonos aquí y congreguémonos para reducir a la iglesia a un culto una vez a la semana». Una de las razones de esta irrelevancia es que muchos de los «predicadores» solamente viven rodeados de las situaciones que se relacionan con las funciones de una institución burocrática, religiosa y política. El líder ofensivo y escandaloso tendrá que darle una mirada seria a este proceso enfermizo de centralizar todo el esfuerzo cristiano en un lugar, por lo que vamos a tener que salir fuera de las cuatro paredes de la iglesia.

Recuerdo el día que llevé a algunos de los chicos de mi congregación a visitar la sala de cuidado intensivo de un hospital. Vimos muchas cosas. La más impresionante fue cuando entramos a la sala en donde se encontraban los pequeños con condiciones cancerosas terminales. Algunos de ellos sólo tenían unas semanas de vida. Uno de ellos me preguntó: ¿Por qué? ¿Sabes por qué esta es una pregunta relevante? Porque este chico nunca ha tenido que preguntarse: ¿por qué?, excepto cuando sus padres no le quisieron comprar el nuevo juego electrónico de moda. Nada de lo que yo le hubiera podido decir habría podido impactar su vida como el haber estado «afuera» y podido ver el mundo como Jesús lo vio. No estoy sugiriendo que cancelemos las reuniones y dejemos de congregarnos. Estas son parte de una vida cristiana saludable. El problema es cuando lo único que hacemos es decirles a los congregantes que asistan. ¿Acaso le tenemos miedo al mundo? ¿Qué tememos? La luz y la sal actúan mejor fuera de su caja o del salero. Esto es lo que afirma el Evangelio de San Mateo.

Para que actuemos como sal vamos a tener que ser esparcidos, vamos a tener que salir del salero para dejar de salarnos nosotros mismos, y vamos a tener que ser más astutos creando estrategias para movilizar a las personas a la descentralización. Mover a las personas a salir de las cuatro paredes con el fin de ver el mundo como Jesús lo vio de modo que podamos influirlo como lo hizo el Maestro.

Todavía estoy tratando de entender cómo llegamos a los extremos de un liderazgo manipulador y controlador. Líderes caciques, enfermizos con sus maneras de liderar. Líderes tan poderosos que nadie les puede decir nada. Líderes hipócritas con títulos otorgados por sí mismos. Apóstoles, pastores, obispos y doctores. Doctores en ¿qué? ¿Cuánto tiempo estudiaron? ¿Cumplieron con los requerimientos de las acreditaciones internacionales? ¿Escribieron tesis y disertaciones profesionales dignas de la academia de la excelencia? ¿Quién nombró a todos estos apóstoles infalibles o irrefutables? Cualquier persona puede decir que Dios le dijo o que Dios lo nombró y lo llamó. Pablo mismo fue cuestionado y pasó la prueba de los tesalonicenses. ¿Quién cuestiona a esos autonombrados líderes poderosos de América Latina? ¿Quién les hará las preguntas referentes a la honestidad y la integridad requeridas para todo aquel que desee obispado? Preguntas que encajen en el planteamiento de Pablo a su joven discípulo, como las vemos en I Timoteo 3.1-7:

> Palabra fiel: Si alguno anhela obispado, buena
> obra desea. Pero es necesario que el obispo sea
> irreprensible, marido de una sola mujer, sobrio,
> prudente, decoroso, hospedador, apto para enseñar;
> no dado al vino, no pendenciero, no codicioso de
> ganancias deshonestas, sino amable, apacible, no avaro;
> que gobierne bien su casa, que tenga a sus hijos en
> sujeción con toda honestidad (pues el que no sabe
> gobernar su propia casa, ¿cómo cuidará de la iglesia
> de Dios?); no un neófito, no sea que envaneciéndose
> caiga en la condenación del diablo. También es
> necesario que tenga buen testimonio de los de afuera,
> para que no caiga en descrédito y en lazo del diablo.

Para muchos de esos autonombrados líderes, sus familias se convierten en la razón principal del descrédito y la descalificación puesto que son un desastre. ¿Pueden mostrar las cuentas bancarias que administran? ¿A dónde van los diezmos y las ofrendas? ¿Le están siendo fieles a su esposa? ¿Les gusta invitar personas a su casa? ¿Son conocedores de la Palabra de Dios o simplemente son buenos para hacer que la Biblia diga lo que ellos quieren que diga? Esto no se limita solamente a megacongregaciones sino que se aplica también a congregaciones pequeñas.

La centralización en muchos casos ha llegado a crear una dependencia enfermiza del liderazgo. Recuerdo muy bien una investigación que uno de mis profesores en el seminario inició, pero que nunca terminó porque tuvo que regresar a su país Nueva Zelanda. La propuesta era básicamente una comparación entre las familias codependientes y los congregantes de megaiglesias en América Latina. Él investigó las características de un padre controlador y abusador en las familias codependientes y las comparó con sus hallazgos entre el liderazgo de algunas megaiglesias. Una de las preguntas interesantes que postuló fue: ¿Es posible que estas personas encuentren —de manera inconsciente— un modelo parecido al de su hogar codependiente dentro de algunas de esas congregaciones, especialmente en la figura del apóstol, pastor o profeta que en lugar de pastorear se dedica a controlar, usar y manipular a las personas en nombre de Dios? Escribo esto porque la epidemia infectó a toda América Latina. Estos supuestos «grandes» siervos de Dios, utilizan la misma palabra divina para manipular e inventarse juegos mentales de modo que las personas ofrenden más o apoyen sus proyectos incondicionalmente. Enseñan una lealtad maligna y enfermiza. Si algún seguidor no tiene libertad para decidir salirse de esa congregación —aun cuando tenga argumentos sólidos para cuestionar la integridad de su líder—, es que ese liderazgo anda mal. ¿Cómo cumpliremos con Mateo 28.19, 20 y el resto de comisiones que Dios nos dejó?

Por tanto, id, y doctrinad a todos los Gentiles, bautizándolos en el nombre del Padre, y del Hijo, y del Espíritu Santo: Enseñándoles que guarden todas las cosas que os he mandado: y he aquí, yo estoy con vosotros todos los días, hasta el fin del mundo. Amén. (RV 1909)

Es evidente que muchas congregaciones buscan formas de atraer a sus congregantes a sus locales intentando mantenerlos allí. ¿Cómo se cumple entonces eso de «por tanto id», cuando lo único que le decimos a la gente es que vengan? ¿Cómo cumplimos con ayudar a los pobres cuando decimos: No vayan, quédense?

En muchos casos hasta se nos prohíbe ir a escuchar a otros predicadores, conferencistas y pastores, tratando de mantener a las personas en un lugar geográfico determinado. ¿A qué le tememos si sacamos a las personas de las cuatro paredes?

Considera que la primera instrucción de Jesús a sus discípulos fue: «Síganme». Jesús quiso que sus discípulos emprendieran un viaje de por vida con Él. La iglesia primitiva era dinámica, se extendió como esporas de levadura, penetrando sitios cada vez más diversos, cruzando límites étnicos y culturales. Sólo después de varios siglos la iglesia comienza a colocarse como el centro de la sociedad, el gobierno y la cultura. Parecería que el dinamismo de los primeros cristianos disminuyó, lo que hizo que la iglesia se estancara y cada uno esperó que todo en la sociedad girara alrededor de la iglesia.

Recientemente el gobierno y la sociedad han rechazado la idea de que la iglesia sea el centro de todas las cosas. La iglesia en general, ha sido obligada a aceptar este nuevo papel, pero no ha cambiado su dinámico rol original. Al contrario, comenzó a usar programas evange-lísticos «creativos» para competir por un puesto en la vida del indivi-duo, tratando de atraer a los incrédulos. Pero el objetivo, sobre todo después de la Segunda Guerra Mundial, se ha puesto enfáticamente en la mercadotecnia empleada por la religión organizada. ¡No me extraña entonces que muchos de los promotores del evangelio terminen des-alentados y acabados!

La frase de Mateo 4.19 (NVI) que afirma: «Síganme y yo los haré pescadores de hombres» es tomada por muchos cristianos como una instrucción para lanzarse con entusiasmo al mar de la incredulidad, pidiéndole a Dios que bendiga sus esfuerzos para hacerse cada vez más «pescadores exitosos de hombres». Pero Jesús no dijo: «Ve a pescar», sino que afirmó: «Sígueme». Aquí se ve una diferencia significativa.

Puede ser que en la jornada de seguir a Jesús (en un enfoque dinámico), este haga que seamos pescadores eficaces de hombres. Se ha sugerido que los primeros cristianos eran parte vibrante de sus comunidades y que compartían el evangelio, pero el gozo de seguir al

Maestro simplemente se desbordó, haciendo un impacto en los de su comunidad.

La iglesia que Jesús fundó era dinámica. No tenía ningún estatus, ni grandes instituciones ni infraestructuras, sólo sus casas. Ellos esperaban que Jesús regresara, por lo que se veían como transeúntes. ¿Podría ser ese Jesús que moraba en sus vidas cotidianas lo que les hizo atractivos a todos aquellos que les rodeaban? ¿Tenemos ese mismo atractivo con nosotros?

Algunas investigaciones sugieren que el motivo principal del crecimiento de la iglesia primitiva fue la unidad y la intimidad en sus relaciones, más que las conversiones o los grupos religiosos nuevos y anormales (como eran vistos los primeros cristianos) que surgieron cuando la unidad del grupo se hizo más fuerte que la de los que no eran miembros.

La iglesia primitiva creció porque los amigos íntimos y los parientes de los nuevos creyentes vieron una transformación ocurriendo en las vidas de sus seres queridos. Creo que hay necesidad de entender el hecho de que somos peregrinos espirituales viviendo una vida normal, con cierta unidad de relaciones con nuestros amigos amados y con los inconversos. Si escapamos del énfasis en la permanencia interna (un término que parece desafiar la definición precisa), podemos hacernos en cambio parte del clero de todos los creyentes (del que habla 1 Pedro 2), que ofrece sacrificios espirituales de amor y tiempo de calidad para los amigos, parientes, vecinos y otros con quienes tenemos cualquier tipo de relación.

Si consideramos esta forma alterna de mirar las cosas (que nos da la idea de atraer a la gente a una institución), amaremos y atenderemos mejor a las personas. El crecimiento de la iglesia tendría cuidado entonces de sí, puesto que cada nuevo miembro aumenta las oportunidades de crear nuevas relaciones.

Permitamos que Jesús nos dirija en este peregrinaje transformador. Es por la participación entusiasta y la sumisión a la autoridad de Jesús, que podemos atraer a aquellos que podrían haberse alejado de la religión organizada, pero que todavía pueden procurar entender el objetivo de la vida. De esa manera podemos hacernos quizás una parte eficaz de la Gran Comisión. Pero tenemos que salir. Vamos a tener que ser escandalosos y ofensivos llevando a la iglesia donde generalmente no vamos.

Consideremos lo escandaloso y ofensivo que hicimos en Guatemala en el 2005 y que en pocas semanas sucediera en El Salvador. Lo que ocurre es que Liderazgo Juvenil Internacional participó activamente en la planeación y ejecución de una consulta titulada «Salmos de la calle» (Escuchando las voces de la calle). Cuando se expuso la idea de invitar pandilleros activos no cristianos o convertidos a participar desde la plataforma —o sea, cuando se sugirió que les diéramos el micrófono para que la iglesia escuchara lo que tenían que decir—, la oposición se hizo sentir. Parece que la iglesia se acostumbró a escucharse a sí misma porque es todo lo que se puede hacer cuando nos centralizamos en un lugar. La iglesia (representada por miles de congregaciones locales) no está lista, mucho menos sabe cómo escuchar a otras personas que no están dentro del círculo que nosotros mismos formamos. Convertimos nuestras congregaciones en guetos cristianoides y marginamos a cualquiera que no quiera «venir a nosotros». Los pandilleros nunca llegarían a participar de un evento así en un «templo» (edificio). Especialmente porque también estaban invitados los representantes de la ley y el sistema penitenciario. Se invitaron a setenta líderes de otros países a participar en esa consulta. Específicamente una de nuestras metas como iglesia era callarnos la boca y escuchar las voces de la calle.

La centralización muchas veces no nos permite pensar en formas creativas de alcanzar o llegar a otros a menos que el fin sea que terminen centralizados con nosotros. En una de las participaciones de un pandillero, este se puso en pie y pidió que dos pastores se pusieran de pie.

Se levantó la camisa y mostró una cicatriz que tenía en el abdomen de un balazo que había recibido en la calle por proteger a su compañero pandillero que estaba sentado al lado suyo durante la consulta. Aquel pandillero se dirigió a uno de los pastores y le preguntó: «Pastor, ¿cuántos balazos está dispuesto a recibir por proteger a su compañero pastor de otra congregación?» Creo que esta intervención es suficiente para ilustrar lo poderoso que fue descentralizar la iglesia y hacernos vulnerables a otros adoptando una actitud humilde para escuchar sin decir absolutamente nada.

Estoy convencido de que esa centralización ha afectado aun nuestro entendimiento y relevancia en cuanto a la encarnación en la iglesia. Quisiera explicarme de esta manera. Creo que todos estamos de acuerdo en que una de las implicaciones de la encarnación es básicamente Dios en Cristo, Cristo en nosotros y nosotros en el mundo. Si tomamos esto así, bajo el sistema actual de centralización, básicamente se ve de esta manera: Dios en Cristo, Cristo en nosotros, pero no hay forma de estar en el mundo porque nos centralizamos en nuestras congregaciones o nos limitamos a salir a las plazas a predicar. Si tomamos un aspecto de Dios, por ejemplo su poder y utilizamos la fórmula anterior tendríamos que decir: Dios le da el poder a Cristo, Cristo nos lo da a nosotros, pero nosotros no se lo daremos al mundo si insistimos en quedarnos adentro y centralizamos toda la función de la iglesia a una reunión en un edificio y le llamamos culto. Por tanto, ¿es eso la iglesia? ¿Un culto aburrido e irrelevante? ¡Qué triste! Pero, ¿qué pasaría si descentralizáramos la función de la iglesia y realmente le hacemos honor a la definición de la preposición «en» el mundo?

El Che Guevara es una de las figuras de la revolución latinoamericana más importantes del siglo pasado. La historia de Ernesto Che Guevara no estuvo todo el tiempo manchada con la sangre de vidas inocentes. Es interesante observar que comenzó su carrera como médico. En la película de su biografía *Diarios de motocicleta*, se presenta uno de los ejemplos más impresionantes de lo que puede llegar a ser un ministerio encarnacional. No es que esté diciendo que el Che ministrara, pero podemos utilizar una de las escenas de la película para ver las implicaciones de un ministerio encarnacional en práctica.

Antes que todo, quisiera describir un poco la escena, para así poder dar un contexto imaginario al cuadro que estamos a punto de imaginar. Esta escena se lleva a cabo en una remota parte del gran río Amazonas. En un lugar lleno de malezas, árboles tropicales y una frondosa vegetación. Allí se encuentra uno de los lugares más rechazados de toda América del Sur. Es en ese lugar, una colonia de leprosos, en donde Ernesto Guevara va a llevar a cabo una práctica médica. Es interesante ver que en la escena presentada, el hospital está ubicado al lado de un río, mientras que la colonia de leprosos está al otro lado. Si analizamos eso desde un punto de vista ministerial, podríamos pensar que se parece mucho a la actitud de la iglesia. Nosotros, los que tenemos al Espíritu Santo y la sanidad, estamos de un lado; y los sucios, leprosos y pecadores, que no tienen nada, están al otro lado. Así, evitamos contagiarnos y contaminarnos con sus impurezas.

Es interesante que sea alguien como el Che quien nos haya dado tan tremenda lección de encarnación en esta biografía presentada en la pantalla grande. En un momento determinado del rodaje, es necesario que el Che pase al otro lado para poder ver y atender a los pacientes que sufren de esa terrible enfermedad. Entre las normas y reglas que tenía ese hospital, dirigido por monjas, es decir, gente involucrada en el ministerio a tiempo completo, no se permitía tener contacto físico con los enfermos sin utilizar guantes de látex. Todos conocemos bien cuán revolucionaria era la mentalidad del Che, y esa ocasión no fue la excepción para mostrar el lado de su personalidad.

Al llegar al «otro lado» a diferencia de los otros doctores, el Che y su amigo deciden que no van a utilizar guantes para tocar a los enfermos de lepra. ¿Cómo va a ser eso? ¿Acaso no les da miedo que los contaminen? Para nuestra sorpresa, la respuesta es no. Ellos amaban a los leprosos tal y como estaban, sucios, enfermos, malolientes y hasta contagiosos.

Más adelante, se encuentra con una muchacha que necesita una operación urgente para que la lepra no siga esparciéndose por su cuerpo. Esa operación requería que le cortaran parte de su brazo. Ningún doctor había podido convencerla de que se operara. Al ver esa situación, el Che decide que quiere hablar con ella, sin presentarse como médico, simplemente se presenta como Ernesto. Lo interesante es que ambos se sumergen en una conversación en la que ella se da cuenta de que el médico Ernesto también está enfermo. Ella le pregunta: «¿Qué te pasa? Estás respirando muy pesado, te escuchas muy cansado». A lo que él contesta: «Es que tengo un problema cardíaco». Así que surge otro tema, dos enfermos, uno de ellos aparentemente puede curar al otro. Se encuentran sin máscaras y reconocen su enfermedad. Debido a la sinceridad y transparencia mostrada por el Che, la muchacha decide que va a dejar que la operen para salvar su vida, y el resto de su cuerpo.

Luego vemos otra escena sumamente profunda, un partido de fútbol. ¿Qué de profundo puede tener? Acaso no es normal que la gente juegue un partido amistoso. Lo profundo no está en el juego en sí mismo, sino en la actitud que tuvo el Che para jugar con los leprosos, dejando su «bata» de doctor sobre una banca. Dejó los elementos que lo apartaba de los leprosos para poder jugar y pasar un rato valioso con ellos. Inmediatamente, surge un contraste ante esta actitud. La iglesia, como en muchos de los casos, tiene una regla que es inamovible, tanto para los leprosos como para el personal médico del hospital. Si no van a misa, no hay comida. El Che y su amigo, por alguna razón, no asisten ese día. Por lo tanto, no tienen derecho a comer. ¡Qué irónico! ¿Verdad? Los únicos que se involucran para mejorar a los pacientes, que les brindan no sólo salud sino calidad de vida, son quienes reciben la «disciplina» de no comer por no haber ido a misa. Un tanto contradictorio ¿no? Lo interesante es que no se quedan sin comer. Los enfermos a quienes les han dedicado tiempo y amor les llevan comida a escondidas, para que puedan alimentarse y recobrar las fuerzas. ¿No debería haber sido la iglesia la que cuidara de quienes estaban ayudando a los enfermos?

Casi llegando al final de su estadía en el leprosario, llega una fecha importante, el cumpleaños de Ernesto. Se realiza una gran celebración en su honor del lado donde están los sanos, es decir, en el hospital. Durante toda la celebración, Ernesto tuvo sentimientos encontrados, quería estar con la gente que estaba celebrando, pero no quería dejar fuera del acontecimiento a sus amigos, los leprosos. Con eso en mente, decide que quiere cruzar al otro lado cueste lo que cueste. Se tira al agua y comienza a nadar, recordemos que tiene una insuficiencia cardíaca. Cuando está a mitad de camino, tanto los sanos como los leprosos, se han dado cuenta de que va nadando hacia el otro lado. Del lado de los sanos le gritan: «¡Eres un idiota! ¿Cómo se te ocurre hacer tal cosa?» Del lado de los enfermos lo vitorean diciendo: «¡Vamos Ernesto! ¡Tú puedes lograrlo!» Tras una tensión muy grande, Ernesto logra llegar al otro lado y entonces la fiesta es en ambos lados.

¿Cómo es que podemos aprender algo del Che si fue tan sanguinario y vendido al comunismo? Bueno, pues porque en esta etapa de su vida nos da un gran ejemplo de un liderazgo subversivo, ofensivo y escandaloso. Desafió a la teología dominante y no tuvo miedo de contaminarse con la enfermedad de otros. Al desafiar las estructuras de poder muchas veces nos podemos meter en problemas, pero lo que debemos tener en mente siempre es el llamado superior al que respondemos.

Hoy, como en la película, la iglesia se separa de los enfermos porque se puede contaminar, ensuciar y manchar las lindas paredes de los edificios que construye. Pero, ¿a qué realmente estamos llamados? ¿A quedarnos separados de los enfermos o, si queremos ponerlo más «espiritual», de los pecadores? O ¿a acercarnos, mostrar amor, «quitarnos los guantes y batas» y disponernos a ser irrelevantes y mostrarnos vulnerables para que ellos se den cuenta de la necesidad de sanidad que tienen? (Como en el caso de la muchacha, que se da cuenta de que necesita la operación para salvarse.)

Un liderazgo al «estilo» de Ernesto Guevara, es subversivo, ofensivo y escandaloso. Un líder de este tipo no le tiene miedo a ensuciarse las manos para poder tocar al enfermo y mostrarle la sanidad amorosa del evangelio de Jesucristo. Necesitamos líderes que no se encierren en cuatro paredes, sino que se extiendan al mundo.

La transformación comienza con poner atención. En América Latina establecemos puestos de atención movilizados bajo la bandera de la estrategia de transformación. Esta se sostiene por una alianza estratégica formada entre el Centro para Misión Transformadora, la Misión Mundial de la Iglesia Cristiana Reformada (por sus siglas en inglés CRWM) y Liderazgo Juvenil Internacional. La Estrategia deTransformación está funcionando mediante pactos establecidos con líderes basados en comunidades necesitadas que están actualmente comprometidos con un proceso que llamamos entrenamiento «Salmos de la calle», y que están sirviendo como puestos de atención en Guatemala, Nicaragua, El Salvador, Honduras y la República Dominicana.

Sólo para destacar una experiencia reciente de nuestro trabajo en Latinoamérica, quisiera hacer referencia al proceso de discernimiento con el que estamos comprometidos. En este proceso buscamos tener nuestros ojos abiertos al obrar del Espíritu por medio de un seguimiento que llamamos «mapeo» del mover de Dios. Trabajamos para mapear el dolor y la esperanza de una ciudad o país. Mientras hacemos eso, buscamos que ese proceso nos dirija a adquirir la habilidad para entender el mapa, un mapa del corazón de Dios para una ciudad o país determinados, es decir, fuera de las cuatro paredes del templo. Es un movimiento descentralizado.

Me gustaría compartir con ustedes un reciente proceso de mapeo de tres dobleces que dirigió nuestro centro de atención en Ciudad de Guatemala. Se nos ha invitado para tomar fragmentos de nuestra conversación extendida de los Salmos de la calle, a fin de formar un curso de maestría para el Seminario Teológico Centroamericano (SETECA) llamado «Fundamentos Básicos de la Misión Urbana». La clase tuvo una asistencia de veinticinco estudiantes que representaban a doce países de Latinoamérica.

Durante la última semana del curso planificamos una mañana para visitar un laboratorio llamado Fundación de Antropología Forense de Guatemala (FAFG). Ahí vimos los restos óseos de hombres, mujeres y niños exhumados de las fosas comunes ubicadas en el altiplano del país. Nos mostraron cráneos y esqueletos reconstruidos para que los científicos forenses puedan determinar edad, identidad y causa de muerte. Nos mostraron los agujeros creados por proyectiles en muchos de los cráneos, incluyendo el de un joven adolescente. También tuvimos la oportunidad de ingresar a una bodega llena de cajas de cartón con restos ya examinados, pertenecientes a cientos de personas que no han sido reclamadas, siendo codificados en un sistema en el cual se puede conocer información acerca de la víctima como nombre, pueblo, región y lugar específico de la tumba. Nos contaron que el laboratorio ha procesado menos de cinco mil de las doscientos cincuenta mil víctimas «desaparecidas» durante el conflicto armado ocurrido en esa nación.

Más de doscientas mil personas fueron asesinadas sin un motivo o razón durante el conflicto, que duró tres décadas dejando desolación y dolor entre la gente de Guatemala. Ese conflicto marcó una herida muy profunda en la historia guatemalteca. Eso ha dejado una estela de miseria, angustia, dolor, resentimiento, odio, pobreza, subdesarrollo y violencia, tanto que se ha convertido en injusticia. La historia, por lo general, es escrita por los victoriosos. En el caso de la historia reciente de Guatemala hay algunos capítulos que sólo pueden ser escritos por la sangre de las víctimas inocentes que fueron brutalmente asesinadas. Es a través de las lágrimas silenciosas de las víctimas que la verdad se descubre lentamente, y la esperanza es devuelta a gente devastada.

En 1996 se dio un paso hacia la reconciliación con la firma de los tratados de paz. Un tiempo después varios jóvenes antropólogos guatemaltecos, dedicados a la investigación científica en busca de evidencia a través del panorama de Guatemala, fundaron la FAFG. El proceso no sólo consiste en la búsqueda de información concerniente a las víctimas, sino también trata de recapturar la historia viva en la actualidad. Las ciencias como la antropología física y social trabajan en sincronía con las ciencias forenses para poder desarrollar un proceso ordenado de investigación de las escenas de los crímenes.

Mientras los huesos recolectados son estudiados en busca de señales de trauma por los científicos forenses, los antropólogos sociales tratan de registrar el perfil biográfico de cada víctima. Cada hueso es levantado cuidadosa y meticulosamente de la tumba, descrito, empacado y con un único número de identificación. Todas las partes encontradas son inventariadas y luego se les hace tomas de rayos X. Son lavadas y marcadas como un perfil biológico de cada individuo determinado. La información del perfil se compara con la registrada por los antropólogos sociales, la cual se ha adquirido durante el proceso de entrevistas hechas a los testigos vivos y familiares de la víctima. El propósito de ese proceso es brindar toda la información que pueda ser utilizada para identificar individualmente a cada víctima. Las comunidades mayas ven en el trabajo de la FAFG una oportunidad para que se les haga justicia, y también para darle a la víctima un entierro digno, legal y tradicional. Lo anterior se practica porque previo a la exhumación de los restos, las víctimas eran escondidas como que si se tratara de animales muertos.

Mientras escuchábamos juntos la presentación hecha por el equipo de la FAFG, no pude pensar en nadie más que en la concubina sin nombre (esclava sexual) de Jueces 19, que había sido violada toda la noche y cortada en doce pedazos por su dueño el levita. Casi pude escuchar el llanto de indignación de la nación de Israel («Y todo el que veía aquello, decía: Jamás se ha hecho ni visto tal cosa, desde el tiempo en que los hijos de Israel subieron de la tierra de Egipto hasta hoy» [19.30a]). En esa narración, los centros de atención de CMT encuentran sus órdenes de marcha como si el levita estuviera regresando a través del tiempo diciéndonos, de parte de los más humildes, los últimos y los perdidos de nuestro mundo: «Considerad esto, tomad consejo, y hablad» (19.30b).

En una de las clases con esos estudiantes de maestría, tuvimos que ser fieles a la petición del levita. Mientras considerábamos a las once mil personas que se sostienen de lo que consiguen en el basurero de Ciudad de Guatemala, reflexionamos que aquí se mapea el dolor de los últimos treinta años de conflicto ocurrido en Guatemala, lo que brinda un destello de esperanza que comienza a brillar en la oscuridad desde la herida más profunda de esta nación con el trabajo de la FAFG.

Ahí nos dimos cuenta de que estábamos siendo testigos de un regreso literal de Jueces 19, no tratando de evadir u obviar la realidad, sino abrazándola, una «inmersión» literal en el centro de la herida. En la FAFG vimos el cuidadoso y meticuloso trabajo de renombrar, reclamar, restaurar y, literalmente, «reensamblar» a las víctimas desmembradas y despreciadas del Jueces 19 actual. Lo significativo de este trabajo es de importancia superior cuando se considera a la luz de los elementos de la cultura maya, los que fueron cuidadosamente explicados por el equipo de la FAFG.

Nos dijeron que el pueblo maya cree que los ancianos, los niños y las mujeres que fueron víctimas del conflicto armado, todavía están llorando porque no fueron enterrados con dignidad. Por lo tanto, sus parientes no están en paz. En la cultura maya los muertos son llevados a la iglesia para poder estar frente a Dios, no para que se ore por ellos como en otras culturas, sino para ver a Dios en persona. Para decirle a Él sus enojos, mostrar sus lágrimas e indignación, y para levantar su clamor por justicia, esperando que Dios adopte su causa. Luego, cuando el cuerpo es llevado fuera de la iglesia, después de su «encuentro con Dios», el ataúd es trasladado a plena luz del día y no secretamente de noche. Por último, se les da a los caídos el primer lugar y quienes están de luto pueden llorar en público. En el caso del trabajo que realiza la FAFG, la inhumación de los restos de las víctimas se convierte en algo más importante que la exhumación misma. Esto se debe a que es una proclamación pública de lo que se ha hecho y lo que han pasado los caídos mismos. La inhumación claramente implica resarcir. Por otra parte, si se dejaran esos cuerpos desmembrados en fosas comunes como si fueran animales, el proceso de sanidad no es posible para las víctimas ni para sus familiares.

La FAFG cree que es importante que el mundo sepa que la gente que fue asesinada en Guatemala era inocente y que sus parientes ahora tienen la posibilidad de rehacer sus historias. Es imposible recuperarse por completo de la pérdida deplorable de tantas vidas inocentes. Pero, una cosa sí puede ser resarcida, la memoria y la dignidad de la gente herida a través de la reflexión en el pasado y su consecuente aprendizaje.

El trabajo que ahora queda por delante para la FAFG es continuar con la recuperación de los hijos e hijas guatemaltecas desaparecidas, para darles un entierro digno y especial, de modo que puedan tener nombre y sus historias nunca se olviden. Es necesario perdonar y comenzar el proceso de sanidad en un país herido a través de la tolerancia, la solidaridad y la paz. La FAFG cree que Guatemala necesita eso. El futuro lo requiere y nos reta a asegurarnos de que eso suceda.

Para muchos de los estudiantes de maestría del SETECA, fue la primera vez que entraron en una herida profunda y sangrante por medio del proceso de mapeo de una ciudad o país. De acuerdo a muchas de sus reflexiones escritas, estaban apegados a una teología que no les permitía dar ese paso. Ellos habían sido formados por una teología que decía que el mensaje del evangelio indicaba que les había dado la oportunidad de dejar atrás el dolor y el sufrimiento, en vez de tener licencia para entrar y abrazarlo. En el trabajo «secular» de la FAFG fuimos confrontados por la realidad de que el Espíritu Santo está revoloteando en medio de una herida profunda y sangrante a nivel nacional, por lo que nos invita a llegar y bailar en medio de un inimaginable dolor y sufrimiento.

El curso de SETECA en el cual esta experiencia de mapeo se llevó a cabo se llamaba «Fundamentos básicos de la misión urbana». No hay nada más esencial para el principio de una misión urbana eficaz que descubrir que si la Palabra, verdaderamente, honra al mundo prestándole atención a su dolor, su esperanza y su miedo, tal vez podríamos hacer bien utilizando la mayor parte de nuestro tiempo escuchando a quienes servimos.

Ya casi concluyendo nuestra visita a la FAFG, nos llevaron a un pequeño espacio afuera del laboratorio, donde un sinnúmero de sacerdotes mayas llegaron a ofrecer sacrificios y ceremonias por parte de las víctimas antes de que sus restos fueran devueltos a los familiares. Nos ubicamos en ese lugar como un grupo observador, en un plano donde podíamos ver mesas tras mesas en las que estaban cuidadosamente colocados varios esqueletos. En ese lugar tuvimos un momento de oración —una liturgia pública para las víctimas de homicidio—, a favor de las doscientas cincuenta mil víctimas del conflicto en Guatemala.

Algunos de los miembros del equipo de la FAFG se unieron a nosotros en ese momento de oración. Cuando estaba asignando las participaciones en la liturgia, le pedí a una de las guatemaltecas de la clase que leyera la oración final. Pero como dije su nombre (Liz), uno de los miembros del equipo de la FAFG llamado Luis, creyó que me dirigí a él. Entonces, comenzó a leer la oración para concluir el momento de bendición pronunciando las siguientes palabras:

> Amados de Dios, dejen este lugar en amor. Dejen
> este lugar en paz. No busquen pagar a nadie mal por
> mal. Den fuerza al de corazón roto y apoyo al débil.
> Ámense unos a otros como Dios los ha amado. Así
> como este es hogar para muchos de nosotros, es

también hogar para Dios. Que Dios bendiga este lugar y a cada uno de nosotros también. Vayamos en paz. Amén.

Irónicamente, fue alguien del equipo de la FAFG quien dirigió al grupo recitando la bendición conclusiva, en vez de ser un pastor de una iglesia guatemalteca. Metafóricamente, la FAFG como institución secular estaba recitando una oración que la iglesia debería estar planteando. A veces pareciera que la iglesia no tiene una teología de misión que le permita pronunciar ese tipo de oraciones puesto que no es vulnerable a ese tipo de dolor. Eso ocurre porque esta centralizada y rehúsa descentralizarse. Al mapear el dolor y la esperanza en nuestro país, nuestra oración es que la iglesia guatemalteca siga el ejemplo de nuestros queridos y valientes amigos de la FAFG parándose en las heridas sangrantes de esta nación. Es necesario que se comience a orar por el dolor de una nación más allá de las cuatro paredes de nuestros lindos edificios.

Capítulo 8
El profesionalismo versus el llamado

E ste profesionalismo es similar a un pulpo que sofoca a las personas que no son profesionales, que tienen la voluntad de ayudar, pero les impide servir. El profesionalismo quiere decir control —control de nuestras vidas—, pero en particular la exclusión de los demás, para que no interfieran con nuestro cómodo estilo de vida en el que podemos controlar y manipular dado que somos profesionales.

La fea cabeza del profesionalismo sale bien a relucir en lo que respecta a las apariencias. Es como un lindo edificio, un complejo de apartamentos. Si uno tiene un edificio bonito, tendrá más posibilidades de que se le reconozca como profesional. El profesionalismo implica que uno se esmere en el vestuario (¿hace la ropa al hombre o a la mujer?), el mobiliario, los trofeos de adorno en la pared, la alfombra, los recepcionistas, los secretarios, los títulos, etc. El profesionalismo hace que mientras más sofisticados nos volvemos y más dinero ganamos, más nos alejamos del resto.

Además, trae consigo también reglas, reglas y más reglas para eliminar los problemas laborales y el peligro de trabajar horas adicionales: «¡No se nos permite hacer esto!» «¡No podemos hacer esto otro!»

Por el contrario, los líderes ofensivos y escandalosos advierten primero las necesidades de los suyos y no las de sus imperios privados. Los líderes ofensivos y escandalosos perciben que la gente necesita protección y tiene derechos. Estos buenos líderes saben reconocer la aptitud, el entrenamiento adecuado y las necesidades.

Por tanto, ¿vamos a permitir que se nos enclaustre en un estilo de burocracia, institucionalidad y de sistemas jerárquicos? A veces resulta difícil discernir lo que nos está sucediendo o lo que nos ha sucedido, ya sea como individuos o como grupos, organizaciones o comunidades comprometidas a servir a los demás. Debemos ser capaces de arriesgarnos a tomar nuestras decisiones más importantes y las cotidianas basándonos en nuestras creencias, que son las mismas de Jesús, y el estilo de liderazgo que nos enseñó.

En vez de utilizar el liderazgo profesional como el único grupo de personas capaces de realizar ciertas tareas (¿Por qué la iglesia en todo su conjunto realiza la Gran Comisión? ¿Por qué la iglesia no lo hace? Cuando en realidad lo que debemos preguntarnos es la razón por la cual no hacemos esto o aquello), debemos darnos cuenta de la naturaleza plena de la iglesia. Esta, en su plenitud, no está sólo compuesta por líderes profesionales; todos nosotros también formamos parte de ella. No debemos permitir que el papel de cristiano que muchos desempeñamos sea estrechamente reducido por el falso profesionalismo. Debemos apelar a los valores tanto del evangelio como de la iglesia.

Este profesionalismo ha afectado hasta la forma en que leemos y entendemos la Palabra de Dios.

Las ideas a continuación se basan en la obra de Bob Eckblad, *Leamos la Biblia con los condenados*. ¿Podríamos aprender a leer las Escrituras desde la perspectiva de los marginados, la gente desposeída, para quienes la Biblia no es liberadora y carece de esperanza?

Vemos la Biblia a través de diversos lentes. Muchas veces el cínico lente profesional nos estorba. Estamos dentro de una cultura, tenemos una familia, vivimos en un país determinado, etc., todo lo cual afecta la forma en que leemos las Escrituras. Hay que ser muy corto de visión para pensar que Dios nos habla directamente en una forma en la que los lentes no tienen efecto.

El peligro es que nos fusionemos demasiado cerca con las Escrituras. Confundimos la Biblia con «otredad». Dios es el «otro». Dios es siempre el otro. Tratamos de hacer que la historia bíblica sea acerca de nosotros. Escrita solamente para nosotros, para mí. Sin embargo, es una historia acerca de Dios. El peligro es que tratamos de conectar las Escrituras inmediatamente con nuestras circunstancias sin permitir que la historia acerca de Dios se desarrolle sin tratar de forzarnos a nosotros dentro de ellas. (Con los jóvenes hablamos de que una cercanía prematura nos lleva a una intimidad falsa. Cuando te acercas prematuramente tienes una ilusión de intimidad que te deja sintiéndote desesperadamente solitario. Yo traté de fusionarme demasiado rápidamente a las Escrituras. En otras palabras, me casé con ellas, sin realmente hacerlo.) Esto se realza debido a nuestra cultura del yo, el ego, el egocentrismo.

Domesticación

«En nuestros esfuerzos por domesticar a Dios, sacamos las garras del León de Judá, y lo convertimos en una mascota de familia» (Dorothy Sayers).

Nunca escuchamos acerca de la mujer sin nombre de Jueces, porque preferimos los pasajes seguros.

Mis hijos crecieron en un preescolar que tenía el tema del Arca de Noé. Animalitos lindos y peluditos, y un gran barco. Nos saltamos la parte donde Dios mata a cada ser viviente sobre la faz de la tierra como resultado del diluvio. Así que solamente está el lado de Dios, por lo que podrás estar en el bote.

Las figuras del franelógrafo hacen que todo se vea lindo y limpio.

Jamás hablamos de David cortándole la cabeza a Goliat.

Reducción

Hay muchas visiones diferentes acerca de Jesús en la Biblia.

Para ver más de Jesús necesito moverme. No que Jesús se mueva.

Un Dios, distintos cuadros.

Dios es bueno, pero no seguro.

Hay muchas cosas complejas que suceden en las Escrituras, las cuales perderemos si pasamos demasiado rápido (Romanos 12).

No desintegres la Biblia en pequeños versículos y capítulos. Es una gran y hermosa historia.

Los chicos saben que la vida es mucho más compleja de lo que estamos dispuestos a admitir. Ellos la viven. Ellos resienten el hecho de que demos respuestas simples que tratan de borrar sus complejidades. Mi vida y mi vecindario no operan en esa manera. Creo que están dispuestos a vivir con el nivel de complejidad que es incómodo para mí. La palabra misterio viene del vocablo *mysterion*, que significa mantener algo junto. Históricamente ha sido el misterio lo que mantiene a la iglesia unida, no lo que la destruye.

Aislamiento

Más difícil. Nos gusta estar con personas que sean como nosotros. Apocalipsis 5.

Necesitamos a todas las personas. Necesitamos las culturas de todos. La mente del norte, del sur, del este y el oeste.

Todos leemos las Escrituras de forma distinta, según nuestras tradiciones, denominaciones, grupos étnicos, clases sociales, etc. No es una amenaza sino más bien un recurso. ¿Quiénes son algunas de las otras voces a las cuales debes escuchar?

En ningún lugar de las Escrituras vemos devocionales privados. Las Escrituras nunca fueron escritas para que fuera un libro privado. Era un libro de la comunidad. No fue sino hasta el siglo dieciséis que la Biblia se pudo leer privadamente porque estaba escrita en pergaminos, etc. Nadie tenía suficiente dinero para poder tener su propio pergamino. Los predicadores se sentían mal si le preguntaban a otro predicador sobre cómo podían interpretar un texto. Los equipos de predicación debían leer los textos públicamente antes de predicar acerca de ellos.

Stanley Hauerwas dice: «Somos demasiado perversos al leer la Biblia solos. Desconfía de las conclusiones a las que llegas por ti mismo».

C. S. Lewis, Charles Williams y J. R. R. Tolkien se reunían cada martes en la mañana. Tolkien murió, lo cual partió el corazón de Lewis. Pensó que lo único bueno era que ahora que se había ido Tolkien iba a poder pasar más tiempo con Charles y aprovechar esa relación más que en el pasado. Estaba tratando de alentarse a sí mismo. Sin embargo, lo que realmente sucedió fue que obtuvo menos de Charles, porque Tolkien lograba sacarle cosas a Charles que Lewis no podía.

Otras personas obtienen más de mi esposa que yo. Ciertas cosas no salen de una conversación de dos individuos. Yo obtengo más de mis hijos cuando los veo interactuar con otras personas. Llego a conocer más a Jesús al ser parte de una comunidad radicalmente diversa de creyentes. ¿Puedo leer con otras personas que no estoy seguro que sean cristianos? ¿Qué aspectos de Cristo obtengo al leer la Biblia con otros?

Si solamente conoces a los chicos de tu ministerio juvenil en un contexto como el de la iglesia, entonces realmente no los conoces.

Martín Lutero dividió la vida en: hogar (familia), comunidad, trabajo, iglesia y nosotros añadimos la recreación a su lista.

No podemos conocer a los chicos solamente en el contexto de la iglesia, ¿dónde están las fortalezas y las debilidades de tu ministerio en este aspecto? Asegúrate de que estás pasando tiempo en sus asuntos y haciendo más preguntas en lugar de dar respuestas.

Heroísmo

Jacob, David... ¿David un héroe? Fue un adúltero y un asesino. Permitió que su hija fuera violada. Tratamos de limpiar esas historias. La gracia permite que David llegue a donde está.

José. Deja a un lado el lente del heroísmo y ve a un niño arrogante al cual Dios usa en formas maravillosas. José era un creído debido a sus sueños y decía: «Voy a gobernarlos».

Disfrazamos a los personajes bíblicos y cubrimos sus fallas. Es demasiado complicado enfocarnos en sus debilidades. Resiste la tentación de limpiar los personajes bíblicos para una audiencia joven.

Una de las cosas que he aprendido del *hip hop* y que viene de los *blues* es que ambos lidian con la complejidad de la vida y la gente de forma muy franca. La línea entre el bien y el mal no existe dentro de ciertas comunidades, existe en el centro de mi corazón. Así que yo soy el chico bueno y el chico malo; así son los personajes de la Biblia. No necesitamos limpiarlos para mostrárselos a los jóvenes. Estos pueden vivir con una cantidad asombrosa de complejidad en este aspecto, no necesitamos darles personajes nítidos ajenos al mundo real.

Moralismo

Nos acercamos a la Biblia como un libro de reglas y no lo es. Es un libro de reglas acerca de lo que se supone que tenemos que hacer. Es una historia que trata de un Dios que salva por gracia.

Lo más difícil de todo. La Biblia es una historia. Añadimos los capítulos y versículos después. A la cultura occidental le gusta reducir las cosas al tamaño de una mordida perfecta. Este es el método científico. En lugar de ver una gran historia, la convertimos en un libro de texto con índices para buscar temas. La Biblia es una historia, no un libro de texto. El pecado está en todas las partes de ella. El amor está en todas las partes de la Biblia. Hemos reducido la «historia» de las Escrituras a cuatro leyes espirituales. Eso es un cáncer. Los chicos necesitan una historia para encontrarse a sí mismos, no una lista de leyes. Nuestro trabajo entonces es contar historias y no formar el evangelio en base a guías de estudio. Cuando hacemos eso, evitamos la encarnación.

Si pensamos que la Biblia es un libro de texto acerca de moralidad, convirtiéndonos en policías de la moralidad de otros, dejamos de ser gente que trata con gente. Jesús, en la encarnación, nos mostró cómo ser una persona orientada al servicio de las personas. La base de la moralidad bíblica es la gratitud, no el temor.

Cuenta la bella historia de la gracia, en la cual hay espacio para todos. El Espíritu Santo es lo suficientemente grande para protegerte, así que no hay necesidad de ser defensivo. Los que están más seguros del amor de Dios son los que menos se defienden porque no sienten que tienen que guardar una agenda propia.

Dualismo

El pensamiento del mundo griego divide el mundo entre lo físico (malo) y lo espiritual (bueno). Cuando Juan anunció al Verbo (en Juan 1.14), ofendió profundamente a la gente ya que si Jesús es carne, está contaminado y —por ende— falla. Los pensadores griegos se pasaron toda su vida «protegiendo a Dios» de la carne y ahora Juan estaba diciendo que Dios mismo se había «convertido» (*sarx* en griego) en carne. Hemos pasado todas nuestras vidas poniendo capa sobre capa entre nosotros y Dios.

El gnosticismo se deriva de esa cultura griega. La cultura hebrea habría estado mucho más cómoda con eso. Los primeros capítulos de Génesis derribaban al pensamiento griego. ¿Dios mezclándose con la materia? ¿Poniendo su mano en el lodo para crear humanidad? Juan está señalando el principio. En la primera oración de las Escrituras tenemos el primer vistazo de la encarnación.

El término *sarx* es usado en diferentes contextos. Juan afirma que la carne es buena. *Sarx* se usa en el contexto de algo que necesita ser negado y que contamina a la carne.

El ámbito espiritual es bueno, y el ámbito material es malo. ¿Cómo puede Dios volverse malo? Lo has convertido en un «no dios».

Eso fue tan alarmante para los primeros lectores del evangelio que les pudo parecer como: «Y el Verbo se convirtió en "excremento"». Esta es una forma de ver y recapturar la ofensa. Esta es la realidad de lo alarmante que era esa afirmación para los pensadores griegos en el tiempo de Juan.

El punto de vista oriental: lo físico es una ilusión de la cual debemos escapar.

El punto de vista occidental: lo físico es malo y debería ser condenado.

El punto de vista evangélico: el mundo físico no es ni una ilusión de la cual hay que escapar ni algo malo que condenar. Más bien, es una realidad que ha de ser redimida.

Así que hoy tenemos categorías sagradas y seculares. Dividimos el mundo.

Si eres realmente espiritual, ¿dónde trabajas? (En un ministerio a tiempo completo.)

Si eres realmente espiritual, ¿qué tipo de música escuchas? (Sólo música cristiana.)

Si eres un verdadero cristiano, ¿qué clase de amigos tienes? (Solamente amigos cristianos.)

Si eres un cristiano fiel, ¿cuántas veces vas a la iglesia? (Todos los días.)

Si no te avergüenzas del evangelio, ¿te paras en las esquinas a gritarle a la gente?

Si quieres ver qué tan gnósticos somos hoy en la iglesia, hablemos de la idea que tenemos acerca del cielo. El cielo no es un escape de este mundo, es la redención de este mundo.

Muchos creyentes han estado en las primeras filas en lo que respecta a la difusión del amor y el poder del evangelio. Creemos que la gente está buscando las soluciones en los lugares equivocados. Sabemos que no podemos encontrar respuestas en los modelos empresariales, ni en la política liberal ni en la conservadora. Podemos cumplir con los retos que nos imponen el amor y el servicio adentrándonos en el evangelio y siguiendo al Nazareno que predicó con la creatividad las parábolas y las paradojas del Sermón del Monte y dejando que los demás participen sin restringirlos con todas nuestras reglas y reglamentos profesionales. Necesitamos encontrar una vía sencilla para que la gente sepa que Jesús está en nuestros barrios. Debemos delegar el ministerio. ¿Es cierto o no?

En estos tiempos necesitamos más fervor por parte del laicado: es más, la realidad actual requiere que su participación se amplíe e incremente. Con una población que crece exponencialmente, con el progreso continuo de la ciencia y la tecnología y el acercamiento de las relaciones personales, las áreas de trabajo del ministerio laico se han ampliado grandemente, en particular en los campos que han estado principalmente abiertos sólo al laicado. Su participación se hace más imperiosa ante el hecho de que muchas esferas de la vida humana se han tornado cada vez más autónomas. Es así como debe ser, pero a veces este hecho implica cierto grado de alejamiento del orden ético y religioso así como un serio peligro para la vida cristiana. Además, en algunos lugares donde los ministros profesionales son pocos, o en los casos en que se les niega total libertad para realizar su trabajo, la iglesia hubiese podido apenas existir y tener las puertas abiertas si no hubiese sido por la actividad del laicado.

Una muestra de esa necesidad múltiple y acuciante es el innegable trabajo que hace el Espíritu Santo al alertar cada vez más al laicado de sus propias responsabilidades y de animarlo a servir a Cristo y a la iglesia en todo momento.

La iglesia fue fundada con el objetivo de extender el reino de Cristo por toda la tierra para la gloria de Dios Padre, para darle la oportunidad a la humanidad de compartir su redención salvadora, y que a través de ella todo el mundo pudiese establecer una relación con Jesucristo. Toda la actividad de la iglesia dirigida al cumplimiento de este objetivo es lo que llamamos ministerio, el cual la iglesia lleva a cabo de varias maneras y sirviéndose de todos sus miembros. Ninguna de las piezas de la estructura de los organismos vivos es puramente pasiva sino que cada una tiene su función específica al mismo tiempo que contribuye con la vida de todo el cuerpo; así sucede también en el cuerpo de Cristo, que es la iglesia: «Todo el cuerpo, bien concertado y unido entre sí por todas las coyunturas que se ayudan mutuamente, según la actividad propia de cada miembro, recibe su crecimiento para ir edificándose en amor» (Efesios 4.16).

En realidad, el cuerpo y la estructura de los miembros son tan compactos que los miembros que no pueden contribuir con el desarrollo de la iglesia como les corresponde se pueden calificar de improductivos, tanto para la iglesia como para sí. Soy de la opinión de que el profesionalismo es lo que ha propiciado esta situación.

La iglesia tiene una diversidad de ministerios, pero una unicidad de misión. Cristo delegó a los apóstoles y sus sucesores el deber de enseñar, santificar y regir en su nombre y poder. Asimismo, el laico comparte la santa, profética y real labor de Cristo; por tanto, tiene su propia función misionera en la iglesia y el mundo.

Así ejercen el ministerio mediante su actividad encaminada a la evangelización y la santificación de la humanidad y la infiltración y perfeccionamiento del orden terrenal por medio del espíritu del evangelio. De esta manera, su actividad terrenal es fiel testimonio de Jesús y promueve la salvación. Ya que el laicado, según su posición en la vida, vive en medio del mundo y sus preocupaciones, es llamado por Dios para ejercer su ministerio en el mundo así como la levadura, con el fervor del espíritu de Cristo.

Los laicos derivan el derecho y el deber de realizar el ministerio con Cristo a la cabeza de todo; incorporados al cuerpo de Cristo mediante el bautismo y fortalecidos por el poder del Espíritu Santo, de manera que son asignados al ministerio por el Señor. Son consagrados al sagrado sacerdocio y al pueblo santo (ver 1 Pedro 2.4-10).

El Espíritu Santo que santifica al pueblo nos otorga dones especiales (ver 1 Corintios 12.7), «repartiendo a cada uno en particular como él quiere» (1 Corintios 12.11) para que los hombres, al ministrar la gracia a los demás de la misma forma en que la han recibido, puedan también ser «buenos administradores de la multiforme gracia de Dios» (1 Pedro 4.10), para edificar todo el cuerpo (ver Efesios 4.16). De la aceptación de estos dones, incluyendo los más esenciales, se desprende para cada creyente el derecho y el deber de usarlos en la iglesia y en el mundo para el bien de la humanidad y el fortalecimiento de la iglesia, con la libertad del Espíritu Santo que «sopla de donde quiere» (Juan 3.8).

El laicado procederá en comunión con sus hermanos en Cristo, en particular con los pastores que han de discernir cuál es la verdadera naturaleza y el uso correcto de estos dones, no para sofocar al Espíritu sino para comprobar todas las cosas y elegir las mejores (ver 1 Tesalonicenses 5.12, 19, 21). Ya que Cristo, enviado por el Padre, es la fuente y origen de toda la iglesia, el éxito del liderazgo ofensivo y escandaloso depende de la relación del laicado con Cristo y su participación en el ministerio junto con los ministros profesionales así como la obediencia a las palabras del Señor: «El que permanece en mí, y yo en él, éste lleva mucho fruto; porque separados de mí nada podéis hacer» (Juan 15.5).

Esta vida de estrecha relación con Cristo en la iglesia se fomenta por medio de la ayuda espiritual común a todos los fieles, en particular, la participación activa en la misión. El laicado ha de realizar el ministerio de tal manera que al mismo tiempo que cumplen correctamente con sus deberes como laicos en la vida cotidiana, no aparten su relación con Cristo de sus vidas sino que realicen su trabajo según Su voluntad y crezcan en su relación con Cristo. Es así que el laicado ha de continuar su progreso en el camino de la santidad con un espíritu feliz y dispuesto, intentando resolver las dificultades con paciencia y prudencia. Ni los problemas familiares ni los asuntos personales deberán ser separados de su vida espiritual, cumpliendo así con las palabras del apóstol: «Y todo lo que hagan, de palabra o de obra, háganlo en el nombre del Señor Jesús, dando gracias a Dios el Padre por medio de él» (Colosenses 3.17, NVI).

Para llevar este tipo de vida se necesita realizar un constante ejercicio de gracia y verdad. Sólo a la luz de la fe y la meditación en la palabra de Dios se puede siempre, y en todo lugar, reconocer al Dios en quien «vivimos, nos movemos y existimos» (Hechos 17.28), pedir su voluntad en toda circunstancia, ver a Cristo en todo individuo, ya sea un familiar o un desconocido, y tomar las decisiones correctas sobre el verdadero valor de las cosas terrenales tanto en su naturaleza intrínseca como en su relación con el objetivo final de la humanidad.

Los que sienten este tipo de fe viven con la esperanza de la revelación de los hijos de Dios y no olvidan ni la cruz ni la resurrección del

Señor. En la peregrinación de esta vida, escondidos con Cristo en Dios y liberados de la esclavitud de las riquezas, aspiran alcanzar las riquezas de los que eterna y generosamente se dedican por completo a la extensión del reino de Dios y a la transformación y mejoramiento del orden terrenal en los espíritus cristianos. En medio de las dificultades de esta vida encuentran fortaleza en la esperanza convencidos de que «en nada se comparan los sufrimientos actuales con la gloria que habrá de revelarse en nosotros» (Romanos 8.18, NVI).

Impulsados por la gracia y la verdad hacen el bien a todos, en particular a los que habitan el hogar de la fe (ver Gálatas 6.10), «desechando, pues, toda malicia, todo engaño, hipocresía, envidias, y todas las detracciones» (1 Pedro 2.1), y como resultado atraen a los demás hacia Cristo. Este acto de Dios, «derramado en nuestros corazones por el Espíritu Santo que nos fue dado» (Romanos 5.5), permite que el laico manifieste en su vida el espíritu de las bienaventuranzas. Al seguir a Jesús en su pobreza, los laicos no se sienten deprimidos por la falta de bienes terrenales ni arrogantes por su abundancia; al imitar la humildad de Cristo no se obsesionan por las distinciones vacías (ver Gálatas 5.26) sino que buscan agradar a Dios en vez de a los hombres, dispuestos siempre a abandonar todas las cosas por Cristo (ver Lucas 14.26) y a sufrir la persecución de la justicia (ver Mateo 5.10), al tiempo que recuerdan las palabras del Señor: «Si alguno quiere venir en pos de mí, niéguese a sí mismo, y tome su cruz, y sígame» (Mateo 16.24). Al promover la amistad cristiana entre sí, se ayudaban en toda necesidad que pudiera surgir.

Este plan para la vida espiritual del laico debe adquirir su carácter propio en dependencia del estado civil o familiar, del estado de salud, vida profesional y social de cada uno de ellos. No dejarán de desarrollar con perseverancia las aptitudes y talentos que se les ha concedido en consonancia con su forma de vida, y han de utilizar estos dones recibidos del Espíritu Santo.

Además, se espera que los laicos que hayan seguido su llamado y entrado en la iglesia adopten fielmente las características de la vida espiritual que les son propias. También han de estimar grandemente las habilidades profesionales, el espíritu familiar y social así como las virtudes afines a las costumbres sociales, en especial la sinceridad, la justicia, la honestidad, la bondad y el valor, sin las cuales no es posible llevar una vida cristiana.

Existen innumerables oportunidades para que el laico pueda ejercer sus dones y talentos en la obra de la evangelización y la santificación. Su propio testimonio cristiano tiene el poder de atraer a los demás a la fe y a Dios, ya que el Señor nos dice: «Así alumbre vuestra luz delante de los hombres, para que vean vuestras buenas obras, y glorifiquen a vuestro Padre que está en los cielos» (Mateo 5.16).

Sin embargo, un ministro laico de este tipo no se reduce únicamente al testimonio de su vida; un verdadero ministro busca las oportunidades de hablar de Cristo con palabras dirigidas tanto a los no creyentes con el fin de encaminarlos en la fe, como a los fieles con el propósito de enseñarles, fortalecerlos y animarlos a vivir con mayor fervor «porque el amor de Cristo nos constriñe» (2 Corintios 5.14). Las palabras de los ministros laicos han de hacer eco en todos los corazones: «¡Ay de mí, si no anunciare el evangelio!» (1 Corintios 9.16)

Debido a que en la actualidad surgen nuevos problemas y errores que tienden a desestabilizar la base fundamental del cristianismo, el orden moral y la sociedad misma, este sínodo sagrado exhorta con ahínco a los laicos —a cada uno según sus dones de inteligencia y conocimiento— a poner más diligencia en su labor al explicar, defender y aplicar correctamente los principios cristianos para resolver los problemas de nuestros tiempos en consonancia con los valores de la iglesia. Esta capacidad les ha sido dada por Dios, tanto si se les considera individualmente o como parte de todo el cuerpo. «Y vio Dios todo lo que había hecho, y he aquí que era bueno en gran manera» (Génesis 1.31).

A Dios le ha complacido unir todas las cosas, tanto naturales como sobrenaturales en Cristo Jesús «para que en todo tenga la preeminencia» (Colosenses 1.18).

En el transcurso de la historia, el uso de las cosas terrenales ha sido deteriorado por graves vicios. Afectados por el pecado original, los hombres han caído con frecuencia en muchos errores en cuanto al Dios verdadero, la naturaleza humana y los principios de las leyes morales, lo cual ha traído como consecuencia la corrupción moral de las instituciones humanas y, aun más, el desprecio por el individuo mismo. Además, en la actualidad, los que han confiado excesivamente en el progreso de las ciencias naturales y la técnica han caído en la idolatría de las cosas terrenales y en vez de convertirse en sus amos se han convertido en sus esclavos.

Toda la iglesia debe trabajar arduamente para que todos seamos efectivos. Los pastores deben señalar claramente los principios relativos al propósito de la creación y el uso de las cosas terrenales, de modo que ofrezcan el apoyo moral y espiritual mediante el cual el orden terrenal pueda ser renovado en Cristo con la ayuda de los laicos. Guiados por la luz del evangelio y la voluntad de la iglesia, y motivados por una compasiva visión cristiana del mundo, debemos actuar directa y definitivamente en el orbe actual. Debemos cooperar con los demás ciudadanos valiéndonos de nuestras aptitudes personales y con responsabilidad. En todo lugar y en todas nuestras acciones, debemos buscar la gracia y la verdad del reino de Dios.

El laicado cumple esta misión de la iglesia en el mundo armonizando sus vidas con su fe para convertirse en la luz del mundo, y también mediante la práctica de la sinceridad en todas sus acciones para atraer así a todos hacia el amor de lo verdadero y lo bueno y, por último, a la iglesia y a Cristo.

Tanto los ministros profesionales como los laicos deben tratar de llegar hasta las personas dondequiera que se encuentren; no se debe excluir ningún beneficio espiritual ni terrenal que ellos tengan la capacidad de otorgar. Sin embargo, los verdaderos cristianos no se contentan sólo con esta actividad sino que se esfuerzan por anunciar a Cristo al mundo entero mediante la apropiación de su labor a medida que aprenden a trabajar juntos y echan a un lado todo lo que se ha convertido en tradiciones o regulaciones obsoletas.

Capítulo 9
Lo local o lo internacional

La Gran Comisión consiste en la preparación de discípulos que perpetúen la labor de Jesús: «Por tanto, id, y haced discípulos a todas las naciones, bautizándolos en el nombre del Padre, y del Hijo, y del Espíritu Santo; enseñándoles que guarden todas las cosas que os he mandado; y he aquí yo estoy con vosotros todos los días, hasta el fin del mundo. Amén» (Mateo 28.19-20).

Muchos cristianos no entienden bien qué es la Gran Comisión de Jesucristo. Piensan que si podemos proclamar el evangelio a todo el mundo sirviéndonos de medios como la radio, la televisión y las publicaciones hemos cumplido con ella. No obstante, la Gran Comisión no consiste únicamente en predicar el evangelio a todo el mundo, sino en formar discípulos para que prediquen eficientemente el evangelio. Esto incluye la enseñanza de los discípulos para que lleven a cabo todas las obras que Jesús les enseñó.

Una comisión, por tanto, es (1) la autorización para realizar ciertos deberes o tareas, o para recibir ciertos poderes, (2) la autoridad para actuar en nombre de otra persona, (3) una encomienda, similar en poder, autoridad, etc., a cierta persona o colectivo. En este caso, nosotros, como líderes ofensivos y escandalosos debemos asegurarnos de motivar a toda la congregación a participar no sólo ofrendando su dinero, orando o asistiendo a la iglesia. Esto debe convertirse en parte de nuestro ADN y no ha de verse como otra tarea más que se lleva a cabo en las congregaciones. Cada uno de los creyentes debe entenderlo y vivir en concordancia con este principio.

La Gran Comisión es encarnacional.

Dios es con nosotros, Emmanuel. No mucha gente quiere hacer un ministerio encarnacional ya que eso requiere despojarse de poder e implica salir de nuestra comodidad. La unión homeostática de Cristo significa que Él era verdaderamente Dios y al mismo tiempo hombre, pero que entregó su «derecho divino» mediante la encarnación.

La pregunta para ti es esta: ¿Qué haces con el poder? En este mundo el poder es oro. Rara vez Jesús habló acerca de la moralidad, pero disertó un sinfín de veces acerca del poder.

La encarnación le da la vuelta a la típica forma de ministrar (poder)

Tradicionalmente, esto es lo que hacemos:

¿QUÉ?	¿A dónde vamos para encontrar *qué* hacer en nuestro ministerio?	A Dios.
¿CÓMO?	¿A dónde vamos para encontrar el *cómo*?	Al mundo.

Dios nos da una visión a través de la oración y luego acudimos al mundo para descubrir cómo llevarla a cabo. Vamos a las herramientas del mundo para averiguar cómo. La encarnación le da la vuelta a este orden. La encarnación nos da permiso para ir al mundo a encontrar qué hacer y, luego, con desesperación nos volteamos para ir con Dios a averiguar el cómo.

La transferencia real de poder significa que en verdad tú haces lo que la comunidad te pide. El no hacer eso es negar la encarnación. Debes dejar que tu comunidad te guíe.

Todo este «lo de afuera redime lo de afuera» se trata acerca del poder.

Dios le da toda la autoridad y el poder a Jesús (Mateo 28)

Jesús le da toda autoridad y poder a la iglesia.

¿La iglesia le da el poder a quién? (Hemos roto el flujo de poder. Acumulamos y retenemos el poder.)

¡Ve el ejemplo de Jesús!

Cuando llega el tiempo de Dios para decidir qué hacer, ¿a quién se lo pide? ¡A nosotros! El mundo pone la agenda. Dime: ¿Qué quieres? (El estanque de Betesda)

En el Evangelio de Juan, Jesús plantea setenta preciosas preguntas. A menudo, luego de sanar a alguien, le pregunta: ¿Qué quieres que haga por ti?

Esto es muy peligroso para la iglesia porque significa una transferencia de poder de nosotros al mundo.

Cuando la gente que no tiene poder lo obtiene, abusa de él.

Dios le da poder a Jesús y este a su vez se lo otorga a la iglesia. El problema es que la iglesia lo retiene para sí rehusándose a trasladarlo.

Si la iglesia le tiene que dar poder a alguien, ¿a quién se lo podría dar? ¿Quién sería?

¿Donde está el poder en tu ministerio? Está donde dejas que muestre claramente cuál es tu visión de Cristo.

¿A quién debe dar su poder la iglesia?

(Al más poderoso.)

Pregúntale al más humilde, al último y al perdido a quién debería dárselo la iglesia. Esa es la encarnación.

Ahora bien, la gente que no está acostumbrada a tener poder abusará de él cuando lo tenga; así que hay que estar atento cuando estén cerca de cruzar esa línea de abuso.

Mi trabajo como padre de familia es dar y ceder el poder a mis hijos tan pronto como sea posible, siempre que no los hiera.

Muchas iglesias son establecidas para conservar y proteger el poder, sin dejarlo ir.

Necesitamos ir al mundo por el *cómo* y luego orar por el *qué*.

Los que no tienen poder son como nosotros. Cuando lo tienen, lo mantienen como nosotros. Por esa razón es que también lo mantenemos.

Mantener el poder es morirse. Es matar a la iglesia. Estamos juntos estudiando la misión encarnacional, para aprender como traspasar el poder.

Ve tras el más humilde, el último y el perdido y alcanzarás a todos y cada uno, incluyéndote a ti mismo.

Organiza una «lluvia de ideas» con tu grupo respecto a los obstáculos que mantienen a la iglesia lejos de la misión encarnacional y la delegación de poder; y cuál es la oportunidad que tenemos entre nosotros.

Redención de adentro hacia afuera

En tu propia búsqueda espiritual, ¿cómo ha transformado tu espiritualidad el «testarudo»? (el niño más difícil con el que has trabajado). Creo que aquí es donde tu santificación miente. La purificación de la iglesia no es una búsqueda interna de santidad, es una búsqueda externa dentro de la suciedad y el fango de este mundo. La santificación no es una búsqueda interna a menos que sea un reflejo de la misión externa.

¿Qué estuvo haciendo Jesús durante los treinta años antes de que predicara por primera vez un sermón? Dios lo pudo haber elegido para que empezara su ministerio desde los trece años, cuando celebró su rito como adulto que era. Reflexiona en la disciplina divina para esperar durante todos esos años. Piensa en la restricción santa que tuvo, ¿de qué se trataba todo eso?

«La encarnación exige que entremos tan profundo como sea posible dentro de la carne» (Martín Lutero). Jesús usó esos treinta años para entrar tan profundo como fuera posible en la condición humana para finalmente hablar con la credibilidad de uno de nosotros. Dios sale del reino celestial para entrar en la humanidad y redimirla. La santificación de Jesús a nuestro parecer, fue su caminar entre gente chiflada y dentro de ella. Qué gran ejemplo de humildad humana, escuchar por treinta años que nos va a dar permiso para escuchar por treinta segundos. La encarnación es un modelo de lo que deberíamos imitar al discipular.

Tres niveles de encarnación:

1. Dios en Cristo.
2. Cristo en nosotros.
3. Nosotros en el mundo. (Aquí es donde está el escándalo. Nuestro dualismo no nos permite entrar al tercer nivel de la encarnación.)

Y le dijo: De cierto, de cierto os digo: De aquí
adelante veréis el cielo abierto, y a los ángeles de Dios
que suben y descienden sobre el Hijo del Hombre.
(Juan 1.51)

¿Te recuerda algo? ¿La escalera de Jacob en Génesis (28.10-19)?

Un mundo antiguo, cuando Dios demostró que era sagrado. Las piedras fueron colocadas como un monumento sagrado.

Debemos ir más despacio con el siguiente texto. ¿Qué más vemos que está sucediendo? (La escalera de Jacob.)

¿Qué hace Jacob inmediatamente después de su visión? Construye un altar. ¿Por qué? Porque es un acto de alabanza.

En la historia de Jacob, los ángeles están ascendiendo y descendiendo en el lugar. Pero en Juan 1.51 están ascendiendo y descendiendo en una persona. Cuando aceptas a Jesús, Él entra en ti. A dondequiera que vayas Él va contigo. A dondequiera que Jesús va, ese lugar es un terreno santo. ¿Qué tan dispuesto estás a recibir eso? ¿Realmente crees que todos los lugares son santos ahora debido a la encarnación? Cuando retrasas la encarnación y consideras las implicaciones, ¿ves a dónde estás yendo? ¿Estás diciendo que las casas en donde se venden drogas o los prostíbulos son terrenos santos? Sí. Lee el Salmo 139.

¿Cómo cambia tu comportamiento en cuanto al lugar que consideras santo? ¿Cómo cambia tu comportamiento hacia una persona que consideras sagrada?

Un estudio de la Universidad Rutgers, de Nueva Jersey, declaró que sólo el dieciocho por ciento de los cristianos evangélicos viven en ciudades. ¿Nos involucramos en los temas ambientales? ¿Se preocupa Dios por los temas ambientales? ¿Le importa a Dios la contaminación del Lago Managua?

En el bautismo de Jesús, no es el lugar sino la persona que llega a ser sagrada. Jesús se convierte en el puente entre el cielo y la tierra (Juan 14.6, 1 Timoteo 2.5). A dondequiera que vayas, va Jesús. A dondequiera que Jesús va, el lugar es sagrado. No hay separación entre lo sagrado y lo secular. A dondequiera que Dios camina, el lugar es santo y Dios camina por doquier. (La experiencia de la cocina cuando las monjas cantaban la canción: «Estamos paradas ante tierra santa».) Dios camina dondequiera porque camina en nosotros. (Jesús toca a los leprosos y los contamina con la justicia, lo opuesto a que ellos lo contaminen con el pecado.) ¿Son sagradas las áreas marginales? Lo son si tú (como hijo de Dios) estás allí. ¿Celebras la santidad o la condenas tratando de escapar de ella? No puedes sólo caminar como cristiano en tu iglesia o en tu grupo de jóvenes.

Dios afirma: «No condenes lo que Yo he declarado santo». Si declaras esos lugares condenados, estás condenándolos doblemente. Esos lugares ya están condenados por el comportamiento que allí ocurre, pero si nosotros mismos los condenamos estamos negando la presencia de Dios allí. La encarnación demanda eso. El Espíritu Santo está rondando en la mayoría de los lugares en crisis.

Ahora, cuando estoy sirviendo en el ministerio en mi vecindario, no necesito pararme sobre una pila de basura para tratar de salvar el alma de un niño que me preocupa. Yo puedo estar preocupado por la pila de basura y su alma porque las dos son santas. Toda la vida es santa.

En la encarnación, no hay nada sagrado ni secular. Esto es radical. Desde un punto de vista encarnacional, no hay tal cosa como la música cristiana y la música secular. ¿Qué clase de marca es esa? ¿Qué clase de pensamiento griego es ese? ¿De qué clase de punto de vista dualista proviene? ¿Desde cuándo hay música cristiana y no cristiana? Bien, desde que alguien decidió que necesitábamos una marca y quiso dividir lo secular de lo sagrado. Yo no escucho música secular o música cristiana. Escucho buena música.

Pablo dice que en donde aumenta el pecado, la gracia aumenta aun más. ¿Es esta una licencia o permiso para pecar? Cada intento de deshonrar algo solamente aumenta su santidad en la presencia de Dios. No podemos controlar la gloria completa y la magnitud de la gracia.

La encarnación llega a un mundo que hemos dividido y que retira lo que Dios dice, que toda la vida es sagrada. «No separes lo que yo he llamado *uno*». La encarnación hace que toda la vida sea sagrada. No hay más separación entre lo sagrado y lo secular. A Jesús se le es dado un cuerpo después de la resurrección porque tenemos un futuro material.

Como iglesia, muchas veces «desencarnamos». Predicamos a distancia. No puedes predicar el evangelio sin tener una relación. ¿Qué implica eso? Lo práctico e impersonal (los telepredicadores, por ejemplo).

El principio de la encarnación requiere la revelación de la carne. No rompas este principio. El evangelio no es una forma de pensamiento. Tenemos que revelarlo y demostrarlo. San Francisco dijo: «Predica el evangelio siempre, usa palabras sólo cuando sea necesario».

Jesús vivió treinta años antes de su primer sermón oficial. ¿Por qué? ¿Trabajando? ¿Por qué esperó todo ese tiempo? Él había sido llamado desde los doce años. ¿Por qué esperar de doce a treinta años para predicar?

Creo que quería escuchar y oír el dolor y el clamor de la humanidad. Jesús ansiaba experimentar a la humanidad antes de predicarle.

Lo que aparta el mundo, Jesús lo une en la encarnación. No podemos dividir al mundo entre lo cristiano y lo secular. Debemos cumplir con las comisiones que recibimos de Dios.

La Gran Comisión de Mateo 28.18-20 es la conclusión del evangelio y el comienzo de la fe activa de todos los cristianos. Este mandamiento de Jesús es de gran significación ya que es un precepto para que los cristianos sientan una fe profunda en Jesucristo, tal como refleja el versículo 18: «Toda potestad me es dada en el cielo y en la tierra». Estas fuertes y asombrosas palabras requieren una profunda fe en Jesucristo y confirman su poder en la vida de los cristianos así como también su compromiso con Él. Este versículo es una clara muestra de la omnipotencia de Jesucristo, y por ende, de su deidad. Si los cristianos no creen en estas palabras, la fe plena no existe. Jesús no tiene dudas de su autoridad en el mundo, esta es completa y absoluta desde el principio de los tiempos (Juan 1.1-3).

En el versículo 19, Jesús les da a los creen en Él orientaciones específicas una vez que han confirmado su fe. «Por tanto, id, y haced discípulos a todas las naciones, bautizándolos en el nombre del Padre, y del Hijo, y del Espíritu Santo». Llama a todos sus seguidores a actuar y compartir las buenas nuevas de salvación por todo el mundo. Hay personas que sienten este llamado y viajan cada año por todo el planeta como misioneros anunciando la palabra de Jesucristo. Muchos cristianos han hecho enormes sacrificios y viajado a lugares remotos alejados del mundo civilizado, en medio de la selva y el desierto. Sin embargo, los campos para las misiones también pueden estar cerca: un vecino que nunca ha oído las buenas nuevas, o una zona azotada por la pobreza donde la gente no puede comprar Biblias. Por otra parte, en el siglo veintiuno, el Internet se ha convertido en un campo misionero en el que la gente puede comunicarse y compartir el amor de Cristo. Hay lugares y personas que necesitan escuchar el evangelio por doquier.

Por último, en el versículo 20, Jesús ofrece orientaciones específicas a los seguidores que han sido confirmados «enseñándoles que guarden todas las cosas que os he mandado; y he aquí yo estoy con vosotros todos los días, hasta el fin del mundo». Se les pide a los cristianos que anuncien a los demás a Jesucristo y la plenitud de su verdad. No podemos proclamar a Cristo como nuestro Señor y Salvador al mismo tiempo que rechazamos algunas de sus enseñanzas.

A medida que enseñamos las verdades de Cristo, el versículo 20 nos confirma que podemos tener seguridad en la fe de que Él nos apoyará. Los millones de creyentes que han escuchado, aceptado y compartido las buenas nuevas de Cristo a través de los siglos han puesto toda su confianza en este hecho. Sí, Cristo ascendió a los cielos, pero está presente en cada uno de los creyentes por medio del poder del Espíritu Santo.

Con la Gran Comisión, Jesús llama a cada uno de los cristianos a dar un paso adelante y anunciar las buenas nuevas. ¡Esto es la manifestación de la fe en acción! Los que han obedecido este mandamiento han transformado su vida espiritual para siempre. Podemos anunciar las buenas nuevas a un vecino o mudarnos a otro país. Podemos compartir con los niños pobres del barrio o predicar la palabra en un pueblo que esté a dos horas de camino. Dondequiera que vayamos, todos los fieles cristianos estamos comprometidos por medio de la obediencia a compartir el evangelio. Si crees en Jesucristo, ¿adónde te ha llamado Él? ¿A quién ha puesto Dios en tu corazón para que compartas el don de la salvación? Sabiendo que Cristo está junto a ti, ¿qué pasos, pequeños o grandes, puedes dar para hacer «discípulos a todas las naciones»?

Puesto que Jesús les ordenó a los apóstoles que hicieran discípulos, es necesario definir esta palabra. En la antigua sociedad griega, el término discípulo servía para describir al pupilo o aprendiz de un hombre de elevada sabiduría. Los discípulos eran buscadores de conocimientos y sabiduría. En las escuelas griegas de filosofía, los discípulos eran los que se supeditaban a los maestros talentosos. El proceso del discipulado implicaba el establecimiento de una estrecha relación entre ellos y una dependencia del maestro o filósofo.

El Nuevo Testamento, por su parte, define a los discípulos como las personas que creen en Jesucristo y que dedican el resto de sus vidas a seguir el camino de la gracia. Los discípulos deben estudiar la palabra de Dios y entregarse a las enseñanzas de Cristo. Debido a que Jesús delegó la autoridad a sus siervos confirmados para que enseñaran, los discípulos han de integrarse a la iglesia y obedecer a los pastores: «Obedeced a vuestros pastores, y sujetaos a ellos; porque ellos velan por vuestras almas, como quienes han de dar cuenta» (Hebreos 13.17).

Por supuesto, los creyentes sólo han de obedecer a los pastores cuando pueden enseñar lo que les ha mandado Jesús. Cuando las enseñanzas de los pastores de cualquier iglesia difieren de la palabra de Cristo (por ejemplo, liberalismo, psicología popular, feminismo, antinomianismo, arminianismo, dispensacionalismo, etc.) nuestro deber es abandonar esa iglesia para poder ser un fiel discípulo. Los discípulos de Jesucristo ponen todas las esferas de sus vidas en las manos del Rey, bajo su autoridad, sin excluir ninguna. La palabra dice: «Pero sed hacedores de la palabra, y no tan solamente oidores, engañándoos a vosotros mismos» (Santiago 1.22).

Jesús pudo haber instruido a los apóstoles para que enseñaran a todas las personas pero, en vez de ello, los instruyó a que hicieran discípulos en todas las naciones, lo cual resulta significativo. La palabra que se traduce como nación (*ethnos*), en el lenguaje original significa una multitud de individuos del mismo género, raza o país; es decir, un gran grupo de personas que a menudo comparten el mismo idioma y la misma cultura. El uso antiguo, bíblico y moderno del término nación es prácticamente el mismo: una multitud de personas que se distinguen de otros grupos de diversas maneras, entre las cuales está el idioma, las costumbres, la herencia, la cultura, la situación geográfica, etc. Pablo dijo: «Y de una sangre ha hecho todo el linaje de los hombres, para que habiten sobre toda la faz de la tierra; y les ha prefijado el orden de los tiempos, y los límites de su habitación» (Hechos 17.26). Y Juan, en Apocalipsis 7.9, nos dice: «Después de esto miré, y he aquí una gran multitud, la cual nadie podía contar, de todas naciones y tribus y pueblos y lenguas, que estaban delante del trono y en la presencia del Cordero, vestidos de ropas blancas, y con palmas en las manos».

La significación del término «naciones» escogido por Cristo en lugar de «hombres» o «personas» radica en que la meta de la Gran Comisión no es hacer discípulos a unas cuantas personas aquí y otras allá, sino que todas las naciones han de ser ganadas y sometidas a Jesucristo. La labor de la iglesia no terminará hasta que tanto las instituciones, las culturas y los gobiernos civiles no se sometan al Rey de reyes. Esta tarea ha de realizarse por medios espirituales y no físicos. Se evangelizará y se traerá a las iglesias tanto a las personas como a sus familias para que aprendan lo que ha ordenado Jesús. A su vez, todos los creyentes deben aplicar la palabra de Dios en todas las esferas de sus vidas. Así como la sal penetra y preserva la carne, la palabra de Dios transformará todos y cada uno de los aspectos de la sociedad trayendo como resultado final una sociedad cristiana. La idea de que la Biblia es para utilizarse en privado, en familia, en los devocionales de las iglesias y de que la tierra, las culturas y los gobiernos civiles se encuentran fuera del alcance de la abarcadora autoridad del reino de Cristo es una idea reductora del cristianismo y totalmente contraria a la Biblia.

Para entender correctamente la abarcadora naturaleza de la Gran Comisión es preciso tener en cuenta su relación con el mandamiento «cultural» o de «señorío» que recibió Adán. Cuando Dios creó a Adán y Eva en el jardín, les ordenó que tuviesen señorío sobre toda la tierra (ver Génesis 1.26-30). El propósito divino antes de la caída era crear una cultura mundial divina, una cultura que honrara y glorificara a Dios. Todas las actividades y empresas humanas habrían de hacerse según los métodos de Dios y para su gloria. Todos los logros humanos a través de los siglos: la música, el arte, la ciencia, la medicina, la arquitectura, la economía, las infraestructuras y demás habrían de hacerse con obediencia y reflejarían el amor de los hombres por Dios y la humanidad.

Si Adán hubiese obedecido el pacto y sus descendientes hubiesen cumplido con el mandamiento de señorío, tendríamos en todo el mundo una civilización obediente y amante de Dios. Esa era la voluntad original de Dios con la humanidad, pero el pecado del hombre y el hecho de haber comido el fruto prohibido trajeron consigo la necesidad de un Salvador. Dios en su misericordia y bondad estableció un pacto de gracia. Su plan original de crear una civilización divina no fue desechado. Sin embargo, como consecuencia del pecado este sólo podía lograrse por medio de Jesucristo, el segundo Adán. La resurrección de Cristo es el nuevo comienzo, la base sobre la cual descansa la regeneración del mundo.

La victoria total que Jesús logró en la cruz paulatinamente repercute en todas las naciones. «Toda su autoridad» sobre «todas las naciones» hace necesario que prediquemos sus derechos majestuosos sobre todos los hombres, instituciones, culturas, sociedades y naciones. La salvación de multitudes de personas deberá en última instancia conducir a la cristianización de la cultura bajo el reinado de Cristo y a su gloria por medio de su providencia, en concordancia con los propósitos de creación divinos. Este orden mundial fue diseñado para colocar en él al hombre para la gloria de Dios. Por esa razón, en los albores de la historia humana, el hombre era, antes de la caída, una criatura cultural.

Después que Jesús ordenó a los apóstoles que hicieran discípulos en todas las naciones, les dio el valor necesario con la siguiente promesa: «Y he aquí yo estoy con vosotros todos los días, hasta el fin del mundo» (Mateo 28.20). Cuando se usa la expresión «y he aquí yo» en el Nuevo Testamento, se hace imitando el estilo hebreo para llamar la atención y quiere decir: «Observen» o «miren». Estas palabras de Jesús pueden ser parafraseadas como «Presten atención, porque yo mismo estoy con ustedes». Lenski dice, a propósito: «Esta expresión se usa para que pongamos toda nuestra atención en la gran promesa con que Jesús termina. La palabra ego es sin dudas enfática: "yo mismo"».[1] Hace hincapié en la promesa de la presencia continuada de Cristo y por tanto no se ha de tratar como algo insignificante dicho por nuestro Salvador.

Cuando Israel se preparaba para iniciar la misión divina de conquistar las naciones paganas que estaban en la tierra prometida, Josué habló de la presencia especial de Dios: «Mira que te mando que te esfuerces y seas valiente; no temas ni desmayes, porque Jehová tu Dios estará contigo en dondequiera que vayas» (Josué 1.9). Israel salió a conquistar las siete naciones paganas con la espada. Los apóstoles, sus compañeros y sus sucesores en la historia han salido a conquistar por medio de la palabra y el espíritu, que dependen de la presencia especial de Dios para insuflar valor, éxito y la victoria final. Pablo dijo: «Y el que planta y el que riega son una misma cosa; aunque cada uno recibirá su recompensa conforme a su labor» (1 Corintios 3.8).

Jesús les dijo a los apóstoles que cuando abandonara la tierra (en la ascensión) eso redundaría en beneficio de ellos. «Pero yo os digo la verdad: Os conviene que yo me vaya; porque si no me fuera, el Consolador no vendría a vosotros; mas si me fuere, os lo enviaré. Y cuando él venga, convencerá al mundo de pecado, de justicia y de juicio» (Juan 16.7-8). Inmediatamente antes del ascenso, Cristo les dijo a los discípulos: «Pero recibiréis poder, cuando haya venido sobre vosotros el Espíritu Santo, y me seréis testigos en Jerusalén, en toda Judea, en Samaria, y hasta lo último de la tierra» (Hechos 1.8).

La presencia espiritual de Cristo (el bautismo del Espíritu Santo) era más importante en la obra de la Gran Comisión que su misma presencia corporal. Después que Cristo ascendió y se sentó a la diestra del poder, derramó el Espíritu Santo sobre la iglesia. Este bautismo fortaleció y animó a los apóstoles y evangelistas en su labor de hacer discípulos en todas las naciones. Los mismos hombres que huyeron y se acobardaron ante el arresto y el juicio de Jesús, después de Pentecostés se ven predicando con increíble audacia y fervor, incluso en circunstancias en extremo peligrosas. ¿No debemos también nosotros seguir adelante con audacia y valentía? No debemos olvidar que el todopoderoso y resucitado Señor de la gloria es nuestro eterno compañero y aliado. Jesús, que tiene «ojos como llama de fuego» (Apocalipsis 1.14) anda en medio de los siete candeleros de oro (Apocalipsis 2.1). Gentry dice al respecto: «Los creyentes tienen la capacidad para realizar la tarea de la evangelización mundial y la labor transformadora de la cultura cristiana que emana de la primera. Los cristianos tienen la constante presencia del Señor de gloria resucitado mediante la intervención espiritual del morador Espíritu Santo, de quien Cristo dice que inviste de "poder desde lo alto" (Lucas 24.49). Los cristianos no deben escudriñar los diarios ni temer la intromisión de las disímiles ramas del humanismo secular en la historia, ya que todas sus manifestaciones sólo son ídolos de la destrucción».[2]

Jesús dijo: «Estoy con ustedes siempre» o literalmente en griego: «Estoy con ustedes todos los días». Jesús incluye en la certeza de esta presencia todos los días, sin olvidar uno. Cristo no sólo está con su pueblo todos los instantes de cada día sino también hasta el fin de «los tiempos». El Señor de la gloria estará con la iglesia hasta el fin del mundo. Jesús permanecerá con ella en tanto la labor que ha ordenado no se termine, lo cual demuestra que la Gran Comisión se aplica a la iglesia hasta la Segunda Venida de Cristo. La promesa de nuestro Señor no es sólo el aliento decisivo sino también la garantía de la victoria. Por tanto, los cristianos no deben ser pesimistas al pensar en el éxito del evangelio en el mundo.

Si alguien hubiera tenido razones para ser pesimistas, ¿no hubiesen sido acaso los primeros discípulos? Fueron perseguidos, torturados, lapidados, encarcelados, asesinados, decapitados, echados a los leones, crucificados, quemados vivos, azotados a palos y odiados por todos. Gran número de madres y padres tuvieron que ver cómo asesinaban a sus hijos mientras esperaban su turno para morir, y aun así, la iglesia primitiva permaneció activa, valiente y militante predicando al Cristo crucificado y fundando iglesias por todo el imperio. No construyó canchas de tenis ni de baloncesto, ni se replegó y luego esperó por lo bueno, sino que conquistó el Imperio Romano con la espada del espíritu. «No con ejército, ni con fuerza, sino con mi Espíritu, ha dicho Jehová de los ejércitos» (Zacarías 4.6). «Así que, hermanos míos amados, estad firmes y constantes, creciendo en la obra del Señor siempre, sabiendo que vuestro trabajo en el Señor no es en vano» (1 Corintios 15.58).

Los cristianos no deben buscar la esperanza y el ánimo en las páginas del *New York Times* ni en las ondas de *CNN* sino únicamente en Cristo. Los creyentes que predican con pesimismo la derrota de la iglesia están demostrando tener falta de fe en la enfática promesa de Cristo y se asemejan a los espías que le dijeron a Moisés: «No podremos subir contra aquel pueblo, porque es más fuerte que nosotros. Y hablaron mal entre los hijos de Israel, de la tierra que habían reconocido, diciendo: La tierra por donde pasamos para reconocerla, es tierra que traga a sus moradores; y todo el pueblo que vimos en medio de ella son hombres de grande estatura» (Números 13.31-32).

¿Somos capaces de conquistar espiritualmente el mundo entero? No, no nosotros solos (Lucas 5.4-11; Juan 15.5). Pero Cristo todopoderoso, que tiene toda la autoridad en el cielo y la tierra sí puede hacerlo. Jesús se encuentra a la cabeza de su ejército seguido por la iglesia en caballos blancos (Apocalipsis 19.14).

Capítulo 10

Lo posible contra lo imposible, mendigar contra arrebatar

En uno de los países en donde un simple dólar se convierte en una gran cantidad de billetes de altas denominaciones, cambié algo de dinero y me devolvieron muchísimos billetes. En ese momento se me acercó un hombre muy bien vestido. Con su traje, sus zapatos nuevos y sin tapujos, me pidió dinero. No podía creer que ese tipo estuviera mendigando. Supongo que cuando vio el fajo de billetes que el banco me dio, pensó que era posible pedirme algo de dinero para pagar su transporte. No sé lo que pasaría por su cabeza, pero entiendo que no le tomó mucho más que pedir sin necesariamente tener aun un poco de fe.

Aquel día aprendí que es posible mendigar lo potencial. ¿Es posible pedirle a Dios migajas? En efecto, lo interesante es que el acto del hombre me movió a darle uno de aquellos billetes sin pensarlo mucho. Por otra parte, qué triste es pensar en las ocasiones que me he atrevido a mendigar lo potencial y le he pedido cosas a Dios sin pensarlo mucho y sin tener ni un poco de fe, porque lo que pido no demanda nada de mí, excepto que mendigue. Me pregunto si lo que tengo ahora y lo que espero de Dios es simple y sencillamente recibir de lo potencialmente posible. La verdad, no me interesa esta opción aunque hubiera otra.

En 1989, los guerrilleros bajaron de las montañas y atacaron las principales ciudades de El Salvador. Su estrategia era entrar a las casas y tomar a las familias como rehenes. Puedes imaginarte que eso le complicó el trabajo al ejército. En nuestro caso, habíamos llegado a San Miguel con un equipo de chicos en un proyecto misionero. Creo que vale la pena mencionar que cuando les preguntamos a los líderes de nuestra congregación si debíamos ir sabiendo que la situación en El Salvador estaba complicada (aunque la guerrilla no había atacado todavía), su respuesta nos sorprendió a todos porque —en completo acuerdo— aquellos líderes nos repitieron que era mucho más seguro para nosotros que estuviéramos en medio del conflicto pero en el centro de la voluntad de Dios que en nuestro país, fuera de la voluntad de Dios.

Viajamos en auto hasta la ciudad de San Miguel. Cuando atacaron las principales ciudades, nuestro equipo misionero quedó disperso por toda la ciudad. Pero tres de los chicos del equipo quedaron atrapados entre las fuerzas terroristas y las del ejército. Como líder del equipo, una de mis responsabilidades era asegurarme de que todos los jóvenes estuvieran seguros. Pero... ¿cómo los sacaríamos de en medio de las dos fuerzas contrarias? Para complicar las cosas, había órdenes estrictas de que nadie se acercara ni a las filas guerrilleras ni a las fuerzas del gobierno. Las trincheras del ejército estaban en un lado del sector de la ciudad y las de la guerrilla en el lado opuesto. No había forma de llegar a los tres chicos si no pasábamos sobre las trincheras del ejército y las de los guerrilleros.

El pastor anfitrión me encontró y me dijo que esa tarde íbamos a sacar a los chicos de ese lugar. Me preguntó si estaba listo, a lo que respondí con expectación esperando un plan estratégico impecable. Me tomó de las manos y me dijo: «Vamos a orar para que Dios nos haga invisibles, de modo que tú y yo vayamos a sacar a los chicos de allí». Ya había cerrado mis ojos para orar, pero fue allí en El Salvador que aprendí a orar con un ojo abierto y con el otro medio cerrado. No podía creer lo que estaba escuchando. Cuando el pastor oro y dijo: «Señor, gracias por darnos esta oportunidad de confiar en ti. Por eso, en esta tarde te pedimos que nos hagas invisibles y nos ayudes a sacar a esos chicos de ese lugar. En el nombre de Jesús, amén».

Tragué grueso y salimos hacia el lugar. Seguía al pastor anfitrión caminando de puntitas, tratando de no hacer ruido. El pastor se dio vuelta y me dijo: «Ya lo oramos, ya lo creímos... ahora actuemos con fe». Escuché su frase célebre, pero pensé: «Recuerdo haber orado para que Dios nos hiciera invisibles, pero no silenciosos». Así que continué caminando en puntillas. Llegamos a donde estaban las trincheras del ejército, pasamos sobre ellos sin que nos preguntaran nada y llegamos a la casa donde se encontraban los otros tres chicos que íbamos a sacar de ese lugar. Al entrar a la casa los muchachos mostraron su asombro y alegría al vernos allí. Nos preguntaron si estábamos allí para sacarlos de en medio de la inminente confrontación entre el ejército y los terroristas.

En ese momento el pastor dijo que íbamos a orar. Nos tomamos de las manos mientras oró de esta manera: «Señor, te damos gracias porque eres todopoderoso y por eso pedimos que nos hagas invisibles...» Al instante, los tres chicos abrieron sus ojos y los enfocaron en mi persona como preguntando: «Y ¿es este tu plan para sacarnos de aquí?» Sin explicaciones, los cinco salimos de ese lugar y caminamos hacia las trincheras de los guerrilleros, pasamos sobre ellos sin que nos preguntaran nada (sin que nos vieran). Hasta el día de hoy todavía estoy convencido de que Dios nos hizo invisibles o cegó los ojos del ejército y los guerrilleros. Aquel día, en El Salvador, alguien me enseñó a arrebatar lo imposible. ¿Puedo ser la clase de líder que está dispuesto a arrebatar lo imposible? ¿Qué necesita esta nueva generación? ¿Será posible que necesitemos dejar de mendigar lo posible y empecemos a conquistar lo imposible?

Por años hemos visto que Dios ha usado, está usando y seguirá usando líderes que vayan más allá de lo posible y que se atrevan a vivir el reto de lo imposible para confiar en Aquel que es experto en lo imposible. Dios no tiene problema en darnos lo posible. Es más, creo que constantemente nos da de lo posible porque es muy fácil pedir, si nos damos cuenta de que no reta nuestra fe. Pero, ¿qué sucederá si empezamos a pedir cosas imposibles? Nuestra fe será retada, por lo que Dios está dispuesto a mostrarnos que puede hacer cosas imposibles. No para mostrarnos que puede hacerlas, sino porque por naturaleza Dios no está atado a las mismas limitaciones que nosotros. Dios no tiene *ninguna* necesidad de enseñarnos ni de probarnos nada. Simple y sencillamente Él es el Dios de lo imposible y, por lo tanto, no tiene problema en hacer posibles las cosas imposibles. ¿Estamos dispuestos a ser líderes que arrebatan lo imposible? ¿Qué cosas puedes hacer ahora que sean más que posibles? ¿Qué puedes hacer hoy para dejar de mendigar lo posible y empezar a arrebatar lo imposible? ¿Qué podemos hacer para salir de la mediocridad?

Usamos mucho la palabra «mediocre» sin saber qué quiere decir; mediocre significa «a medio camino entre el valle y el pico de la montaña». No quiere decir a medio andar entre la tierra y el cielo sino entre lo que éramos y lo que debemos ser. Ahora podemos preguntarnos si esta palabra describe al cristiano promedio. ¿Estamos a medio camino entre lo que fuimos y lo que debemos ser? Quiere decir que estamos atascados a medio andar en el camino hacia el pico, más allá del cual brilla una intensa luz; es decir, nos espera lo imposible.

¿Es esto lo mejor que Cristo nos puede ofrecer? ¿Es este mediocre, común y medio andar en la ruta hacia el pico lo mejor que el Señor nos ofrece? No lo creo; es culpa nuestra. ¿Por qué entonces la mayoría somos comunes y corrientes desde el punto de vista espiritual, moralmente por encima de los mundanos pero espiritualmente por debajo de los santos? Bueno, permítanme responderles que es porque cuando oímos el llamado para cargar la cruz y avanzar hacia la montaña, empezamos a negociar con Dios y a suplicar por lo posible.

Cuando se predica un sermón o se lee un libro cuyo tema trata sobre «cargar con su cruz y seguir a Cristo, avanzar en el camino de la perfección», la gente empieza a hacerse preguntas y a negociar con Dios. Se pregunta cuánto trabajo les va a costar ser ese tipo de cristianos; el tiempo que les tomará llegar a serlo porque se sabe que no tienen mucho; o la cantidad de dinero que les costará, o de labor, ya que trabajan duro, o las relaciones, ya que no quieren dejar de lado a sus amistades. En el instante en que alguien dice, mirando a Jesús a los ojos: «Maestro, me gustaría seguirte hasta el fin, pero me cuesta demasiado», demuestra que es una criatura pobre y mediocre. Es entonces cuando la mayoría comienza a mendigar lo posible y a alejarse de lo imposible.

Cabe entonces preguntarse si esta actitud nos da seguridad. Los cristianos quieren estar seguros. ¿Es esta una generación de líderes débiles? ¿Es esta una generación de líderes que no saben incluso agarrar lo imposible? ¿Estamos todos balando como ovejas por seguridad? ¡Colgamos del cuello del gobierno como se aferran los bebés al de sus madres, gimiendo y lamentándonos! Queremos estar seguros, pero ¿existe seguridad cuando se tiene una cruz en los hombros?

Además, cuando escuchamos a alguien hablar haciendo hincapié y preguntándose: «¿Es conveniente?» ¡Lo posible es conveniente! Lo imposible no. ¿Conocemos líderes que viven —sus vidas cristianas— a su conveniencia? ¿Vivimos intencionalmente a nuestra manera? ¿Podemos señalar al menos una ventaja espiritual que se haya alcanzado según la conveniencia de alguien? Porque la cruz jamás fue un instrumento conveniente y nadie ha pensado en ella como una vía conveniente, ¡nadie! Además, el juicio de Dios no será a nuestra conveniencia como tampoco se ha encontrado jamás una manera beneficiosa de morir.

Y cuesta arriba, camino hacia la luz brillante que se encuentra en el pico nos detenemos para preguntarnos: «Señor, ¿puedo hacerlo a mi manera o voy a desestabilizar el patrón de mi vida?» ¿Somos merecedores de que se nos llame por su nombre cuando aprendemos como líderes únicamente a mendigar lo posible en vez de conquistar lo imposible? Me he dado cuenta de que el verdadero liderazgo ofensivo y escandaloso es una batalla, una pelea, una labor ardua, una lucha. Si queremos divertirnos, en nombre de Dios, ¿por qué no somos lo suficientemente atrevidos y sinceros como para abandonar la iglesia y no seguir rondándola?

¡Si queremos divertirnos, dejemos de seguir vacilando! Si queremos divertirnos, ¿por qué no olvidar el llamado y volver a la vida mundana? Si queremos ser líderes ofensivos y escandalosos que sirven a Cristo, no debemos entonces acudir a Él en busca de diversión y prosperidad. Jesucristo, a pesar de la alegría que pudo sentir, soportó la cruz; la alegría estaba todavía por venir.

¿Están algunos líderes buscando popularidad? Quieren estar con el grupo aprobado y se niegan a liderar en tanto ellos también lo sean. No quieren estar solos, porque son muy débiles. Quieren evitar que se rían de ellos. Sólo los tontos se ríen de los líderes ofensivos y escandalosos. ¿Y quién puede llegar a ser tan débil que tema la risa de los tontos, la que el Antiguo Testamento califica como el estrépito de los espinos debajo de la olla (Eclesiastés 7.6)?

Bueno, ¿saben por qué nos cuesta seguir adelante? ¿Por qué somos así? ¿Por qué los líderes ofensivos y escandalosos de Dios no salen a la palestra y empiezan a crecer, desarrollarse, a aumentar, a ascender la cuesta de la montaña? ¿Por qué?

¿Sabemos los líderes que Cristo expió por completo todos nuestros pecados? Entre Dios y los líderes no existe ninguna separación debido a que la expiación de Cristo fue tan perfecta que torna todo lo que estaba en nuestra contra a nuestro favor, todos nuestros deméritos en méritos, el saldo deudor en saldo crediticio. Todo lo que estaba en contra nuestra lo pone a nuestro favor y esa es la maravilla de la expiación en Cristo Jesús. Dios no desvía su mirada sino que nos mira de frente gracias a Cristo.

¿Por qué sucede eso? Porque entre el líder promedio y Dios existe una nube, que llamaremos «de disimulo». Algunos líderes dicen que han renacido, los libros que leen tratan acerca de la venida del Señor y de cómo regresará de inmediato ascendiendo al cielo y que imperará sobre todos los reinos. Sin embargo, otros líderes no pueden dominar su temperamento en la tierra y aun así esperan desempeñar un papel importante en otros reinos.

Hace algunos años abordé un avión en el aeropuerto de La Guardia, Nueva York, alrededor de las cinco de la tarde. Todavía de día pero la luz era escasa, ya que era uno de esos días lluviosos. Una vez que todos estábamos a bordo, nos ajustamos los cinturones de seguridad y estábamos listos para despegar, un gentil y sonriente capitán salió de la cabina y habló con los pasajeros para hacernos relajar. Como no era un día ideal para volar quería que nosotros, tan apegados a andar sobre la tierra, nos sintiésemos calmados. El capitán nos dijo: «Está lloviendo aún, pero estaremos en Chicago en poco menos de dos horas, y en quince minutos podremos ver la luz del sol». Y repitió: «Relájense y esperen un poco, que aunque llueva ahora y el día esté oscuro, en quince minutos estaremos bajo el sol».

Sentimos el aceleramiento de los motores del avión, el habitual movimiento y los sonidos del despegue; y en menos de quince minutos teníamos al sol brillando sobre nosotros, debajo del avión se podía ver la lluvia, la neblina y el mal tiempo, pero nosotros estábamos ahora bajo la luz del sol. El sol había estado todo el tiempo oculto encima de las nubes, pero entre nosotros y el sol se interponía una nube de disimulo. Por esa razón, estimados líderes, el más santo de los santos que jamás haya vivido, el santo más feliz que jamás haya existido no tenía a Dios más cerca de lo que lo tenemos nosotros. Sin embargo, el problema es que hay una nube de disimulo entre Dios y nosotros. ¿Nos hemos conformado con mendigar?

¿Qué queremos decir con esto? ¿Qué queremos decir con esta nube? Me refiero a la nube del orgullo, por ejemplo, y de la terquedad que se interponen en el camino. Algunos líderes son orgullosos y como consecuencia los cubre una nube, de tal forma que cuando el sol brilla sobre ellos, sus rayos no pueden atravesarla.

También existe la nube de la terquedad. ¡Algunos líderes son testarudos como una mula! Nadie puede hacer nada con ellos ni sin ellos, no se les puede cuestionar, siempre están a la defensiva, en todo momento, y eso es una nube.

Tenemos también la nube de la inflexibilidad. Algunos líderes son dulces como la miel mientras las cosas se hagan según quieren, pero se vuelven amargas uvas cuando encuentran oposición. Eso es inflexibilidad.

Y también tenemos la ambición, incluso la ambición por el liderazgo, y aun más, todo lo que reclamamos para nosotros. Todo lo que decimos que es nuestro se interpone entre nosotros y Dios inmediatamente. Cuando decimos: «¡Esto es mío!», estamos creando una nube que aparta el rostro de Dios de nosotros, por lo que luego es difícil que logremos verlo con claridad. Nada podrá despejar esa nube, ni la oración, ni el ayuno, nada… en tanto no entreguemos todo a Dios y le digamos: «Dios, no poseo nada en el mundo, todo lo mío te pertenece».

Asimismo, la egolatría también se interpone en nuestro camino. La egolatría, el autoreconocimiento y la autoadmiración. Uno se admira a sí mismo. Algunos de los líderes que conozco son bien parecidos físicamente y el problema es que están conscientes de ello. Muchos líderes demuestran la egolatría, el autoreconocimiento y la autoadmiración. ¡Que Dios nos proteja!

Por último, tenemos el dinero. Algunos líderes se cubren con las mentiras de la falsa prosperidad, por lo que no pueden ver a Dios; el dinero se interpone entre ellos y Dios, y algunos aun se interponen en el camino del liderazgo efectivo. ¿Cuál es la razón por la que nos demoramos tanto en desgarrar esta nube de «disimulo» para que el sol pueda brillar y podamos proseguir hacia el pico de la montaña? Bueno, no es culpa de Dios ni de su voluntad. La voluntad de Dios es que el liderazgo crezca en gracia, verdad y conocimiento de Jesucristo; su deseo es que nos volvamos líderes cada vez más parecidos a Cristo, que seamos líderes santos con la esperanza de ser ejemplos en verdad y gracia.

¿Y por qué no lo somos? Bueno, porque nos queremos demasiado; nos esforzamos por mantener las apariencias. Algunos líderes tratan de mantener las apariencias y no se quieren rendir, no quieren que la gente sepa cuán diminutos, cuán inútiles e insignificantes son; no quieren que nadie vea la pobreza que encierran en sus corazones. Su objetivo es mantener las apariencias.

La humanidad gasta millones y millones de dólares cada año para mantener las apariencias; por eso cuando desgarramos esa fachada vemos que algunos líderes están atrapados en sus espíritus, en sus mentes y sus corazones. Y entonces intentamos ocultar nuestra pobreza interior y conservar nuestra reputación a toda costa para conservar cierta autoridad. Queremos atesorar un poco de autoridad y no entregarla del todo. Dios quiere que le entreguemos toda la autoridad para que no tengamos ninguna; quiere quitárnosla para entonces poder bendecirnos. Mientras estemos al mando y sigamos diciendo: «Escúchenme, les voy a decir cómo hacer esto...» no tendremos resultados y seremos mediocres, por lo que pasaremos el resto de la vida liderando con aburrimiento a gente ignorante.

También nos gusta reservarnos un poco de gloria. Estamos de acuerdo con que Dios reciba casi toda, pero nos gustaría quedarnos con una comisión, con un poco para nosotros y rescatar parte de la cruz para nosotros. Queremos que sólo dos terceras partes de nosotros sean crucificadas y no todo nuestro ser. No queremos aceptarlo y nos contradecimos, entonces oramos, volvemos a entender y a encaminarnos, rogando que se nos llene pero entonces no aceptamos al Espíritu Santo. Rogamos y pedimos ascender la montaña, pero nos rehusamos a hacerlo.

El autor de Hebreos les dijo que se habían hecho «tardos para oír». Y añadió: «No puedo hablarles como deseo porque han tenido el tiempo suficiente pero ahora deberían estar ayudando a los demás en la cima de la montaña a llegar hasta ella, pero están allá abajo, a mitad de camino y no pueden incluso entenderme, no entienden lo que les quiero decir» (Hebreos 5.11—6.3, parafraseado por el autor).

Esta situación es tal que algunos líderes no pueden hablar con la gente a menos que sean personas altamente dadivosas o importantes en la sociedad. Debemos dejar de defendernos, ese es el problema que tenemos, nos defendemos, estamos a la defensiva todo el tiempo. Andamos por la vida siempre atentos a que nadie nos pase por encima, aunque nadie quiera hacerlo. Si esta situación se agudiza caemos en la paranoia, y algunos incluso se vuelven paranoicos con el tiempo. He conocido líderes que piensan que son tan importantes que la iglesia y hasta el gobierno están tratando de destruirlos.

Pero es la egolatría mal entendida lo que se convierte en pecado. Y si los líderes no prestan atención, la infección contagiará a todo el mundo de forma que empezarán a imaginar que todo el mundo los está persiguiendo. Cuando eso sucede, la idea de defendernos se intensifica y comenzamos a defendernos contra Dios mismo, y ni Él puede alcanzarnos. Pues bien, tendremos que dejar atrás todo esto y poner por delante la buena fachada que hemos mantenido tanto tiempo escondida y ese mundo interior que tanto temíamos que la gente viera; tenemos que pisotear todas esas cosas, al igual que los cobardes cuestionamientos de este tipo: «¿Paga esto? ¿A qué costo? ¿Nos divierte hacerlo? ¿Es popular? ¿Es conveniente?» Tenemos que acabar con todas esas interrogantes.

Tenemos que acabar con algunas de estas cosas, con esa manera de defendernos constantemente y de tener los puños listos para pelear. Tenemos que relajarnos.

No llegaremos a ser líderes ofensivos y escandalosos hasta que no entreguemos nuestros intereses, dejemos de defendernos, nos pongamos en las manos de Dios y lo dejemos actuar. Tratamos de ayudar a Dios, cuando lo que debemos hacer es entregarnos a Él y decirle: «Padre, estoy cansado de ser un líder común, estoy cansado de ser mediocre, de estar en la mitad del camino que quiero recorrer. Estoy cansado de ver a otros líderes cristianos asombrosos que sirven a Dios y de no ser uno de ellos. Estoy harto de toda esta situación, quiero avanzar y llegar a conocerte». Un hombre tuvo una gran experiencia con Dios y esta se tornó en una maravillosa experiencia, anduvo junto a Dios y fue conocido por todos. La gente se acercaba a él y le decía: «Hermano, durante muchos años te vimos como una persona normal, como uno más de nosotros y de repente vimos que todo tu ser es bendecido. ¿Qué te sucedió?» El hombre les respondió: «Pues bien, les diré qué me pasó. Un día me presenté ante Dios y le dije: "Dios, tengo algo que decirte y es que nunca, en lo que me resta de vida, te pediré en mis oraciones nada que no sienta realmente. Y desde ese instante, empecé a cumplirlo"».

Yo admiraba a Bartolomé, el ciego que quería ver y que dijo: «¡Hijo de David, apiádate de mí!» y Pedro, el diácono, lo llamó aparte y le dijo: «Cállate, no hagas todo este ruido aquí, en la iglesia. No vengas a orar aquí, que este no es lugar para pedir que se te tenga piedad». Pedro trató de hacerlo callar pero mientras más lo intentaba, más oraba. ¡Este es nuestro hombre! No sé qué color tendrá ni de qué denominación será, ni de qué corriente filosófica, pero sí sé una cosa: si mira a Jesucristo a los ojos y se enfrenta a lo que se le opone en el camino, incluso a los diáconos, obispos y predicadores, y sigue adelante... puede llegar a alcanzar un elevado lugar ante Dios y tendrá una señal que lo distinga del resto. Y estará mucho más cerca del pico de la montaña.

Ahora quisiera saber si volveremos nuestros rostros a lo alto de la montaña para decir: «Nos ponemos en tus manos, Señor Jesús, y obedeceremos, actuaremos y acabaremos con el orgullo y con todos esos pecados, esos cobardes pecados, Señor Jesús, y los pisotearemos. Sin reservas, te seguiremos mientras nos des fuerzas, y juntos, Jesús, saldremos adelante, lo lograremos». ¿Estamos dispuestos a hacer tal promesa ante Dios? Sabemos que si lo hacemos, si nos encaminamos en esa dirección no tardaremos en hacer grandes progresos. ¿Queremos arrodillarnos, agarrar lo imposible y decir que lo hemos logrado?

La Biblia nos enseña que debemos volver el rostro hacia Dios, entregarlo todo y dejarle escoger las bendiciones, las emociones y todo lo demás. Si ponemos en sus manos nuestras mentes y nuestros corazones, poco a poco, nos convertiremos en líderes ofensivos y escandalosos. Estamos dispuestos a que Dios nos ayude y a no querer ser líderes comunes. Vamos a seguir adelante en nuestro conocimiento de Dios y vamos a darlo a conocer. ¿Estamos listos para convertirnos en líderes ofensivos y escandalosos? ¿Estamos dispuestos a agarrar lo imposible?

Capítulo 11
El centro de la tensión

Permítanme ilustrarles cómo se relaciona el cristianismo con estos dos extremos: el rigor excesivo y el libertinaje. El cristianismo se asemeja a un estrecho puente que se extiende sobre el lugar donde se une el caudal de dos ríos. Uno de ellos es cristalino, pero contiene cascadas traicioneras y mortales; este río representa el rigor excesivo, que parece ser fuente de rectitud, pero en el que no se puede permanecer a flote ya que el rigor excesivo lo destruye a uno contra las rocas. El otro río está contaminado con el libertinaje, si uno cae en él se ahoga a causa de toda la podredumbre que arrastra. Por lo tanto, los cristianos, parados en el puente, han de mantener un equilibrio entre el traicionero rigor excesivo y la podredumbre del libertinaje. Los cristianos que han caído en las cascadas del rigor extremo destruyen la eficacia de sus vidas espirituales. Los que se revuelcan en los vicios del libertinaje se condenan a muerte. Tenemos que quedarnos en el puente.

Como ya no estamos encadenados a un sistema regido por ritos y ceremoniales, no tenemos que ser circuncidados ni celebrar festejos, lunas llenas ni Sabbat. Existen personas hoy en día que quieren celebrar todo tipo de rituales, pero no hay necesidad de ello. Sin embargo, el hecho de que no nos rijamos por las leyes de los ceremoniales, no quiere decir que hayamos cambiado nuestra moral. No significa que lo que Dios daba por cierto en el Antiguo Testamento haya desaparecido en el Nuevo Testamento. No hay ningún cambio de las leyes morales divinas, sino un cambio en la manera en que Dios las hace cumplir: de la necesidad externa de las leyes de los ceremoniales a la guía interna del Espíritu Santo.

La libertad cristiana no implica una oportunidad para complacerse con la carne. En el Nuevo Testamento la carne representa nuestra naturaleza humana caída, la parte nuestra que es más susceptible al pecado. Es el «viejo hombre» (Colosenses 3.9). Los cristianos no fueron liberados en Cristo para hacer lo que se les antojara. Algunos creen que debido a la seguridad eterna que reciben los creyentes, tienen la libertad de hacer lo que se les venga en gana. Pero no, la libertad cristiana no es para caer en el pecado de la carne. Si uno es salvo, no debe complacerse con la carne debido a la presencia del Espíritu Santo dentro de uno, que nos impide hacerlo. En Gálatas 5.13 se nos dice que no debemos utilizar nuestra «libertad como ocasión para la carne». El vocablo que se traduce como «ocasión» (el griego *aphorme*) es un término militar que hace referencia a una base de operaciones. No hagas de la carne su base de operaciones. Nunca se diga que como eres un cristiano que va a llegar a cielo puedes hacer lo que quieras. No eres libre de usar tu libertad como un trampolín para la carne. Pablo negó las acusaciones de los judaizantes de que estaba enseñando el libertinaje.

Hay cristianos rayanos en creer la herejía de que pueden pecar y salirse con la suya sin ser condenados. Creen que tienen el privilegio de hacer lo que se les antoje y llegan incluso a decir que uno puede caer en la bebida, las relaciones sexuales o la pornografía en nombre de la libertad cristiana. Pero no, está bien claro en el versículo 13 que la libertada cristiana no se ha de usar como ocasión para la carne. En realidad, tengo serias dudas en cuanto a la salvación de cualquiera que piense lo contrario porque si son salvos, el Espíritu les hubiese impedido cumplir sus pecaminosos deseos. En Romanos 8.9-11 se nos dice que una de las funciones del Espíritu Santo es someter la carne.

La mayor libertad que existe en el mundo es estar libre de la autocomplacencia egoísta y poder servir a Dios. El mejor ejemplo lo tenemos en Jesús. En Romanos 13.14 se nos dice: «Sino vestíos del Señor Jesucristo, y no proveáis para los deseos de la carne». Nótese el contraste que se hace en la oración: O se provee para los deseos de la carne o se viste de Jesucristo. Jesús no proveyó para sus propios deseos. Pablo nos dice al respecto en Romanos 15.3: «Porque ni aun Cristo se agradó a sí mismo»; en Juan 4.34, Jesús expresó: «Mi comida es que haga la voluntad del que me envió, y que acabe su obra». Cristo no se complacía. La verdadera libertad cristiana es estar libres del deseo y libres para cumplir la voluntad de Dios. Esa libertad es la que vale, y su significado es simple: nuestro objetivo no es complacernos a nosotros sino al Señor. Nuestra motivación no es la de realizar nuestro deber con arrogancia sino el amoroso servicio de gratitud para con el que nos ha liberado.

En el Antiguo Testamento, la esfera de la sexualidad es definida con claridad. Dios no toleraba las relaciones prematrimoniales o extramatrimoniales. Las consecuencias eran graves para los que cayeran en el adulterio, la fornicación, el bestialismo o la homosexualidad. ¿Hemos de suponer entonces que Dios cambió sus esquemas morales en el Nuevo Testamento y que ahora podemos hacer lo que nos venga en gana siempre que digamos que nos amamos los unos a los otros? Por ejemplo, ahora existen iglesias para los homosexuales, como si Dios hubiese eliminado la moral del Antiguo Testamento. Los valores de Dios no han cambiado así como tampoco Él mismo ha cambiado. Hebreos 13.8 afirma que «Jesucristo es el mismo ayer, y hoy, y por los siglos». Los propulsores de las relaciones sexuales libres se han infiltrado en el cristianismo. Se da por hecho que el amor sexual es el aspecto más importante entre dos personas que se aman. Los cristianos no tienen libertad para abusar de las relaciones sexuales. La libertad sexual de la que se habla hoy en día es la misma esclavitud al yo y a la lujuria de la carne.

Hay quien pudiera decir: «Soy libre en Cristo y por eso voy a hacer lo que quiera», y sin consideración alguna pisotear a otros cristianos. Pero en Gálatas se analiza todo el tema de la libertad cristiana en relación con nuestros hermanos en Cristo. Nuestra liberación no es una licencia para dañar a nuestros hermanos cristianos sino para servirles con un amor superior. Este amor requiere poner a un lado nuestras ambiciones personales y estar dispuestos a manifestar esa libertad ayudando a nuestros hermanos creyentes.

En Romanos 14.1 se nos dice: «Recibid al débil en la fe, pero no para contender sobre opiniones». En este pasaje se hace referencia a dos tipos de cristianos: los débiles y los fuertes. Los débiles tienen un excesivo rigor moral y no pueden aceptar su libertad en Cristo, mientras que los cristianos fuertes entienden en qué consiste esta libertad. En la iglesia de Roma, por ejemplo, había muchos judíos creyentes, pero cuando se les dijo que su libertad en Cristo significaba que no tenían ya que cumplir con sus leyes ceremoniales, sintieron pánico. Ningún judío podía abandonar de repente esas leyes sin que le quedara un cargo de conciencia. Si un hermano cristiano lo invitaba a su casa y tenían para la cena chuletas de cerdo, su conciencia le impedía comerlas. Su anfitrión, que es más fuerte espiritualmente, se puede preguntar qué es lo que le pasa a su invitado mientras se come su chuleta delante de él. El cristiano más fuerte se jacta así de su libertad y al hacerlo, hiere la conciencia de su débil invitado, quien le pierde un poco de respeto a su anfitrión. Lo que debía haber hecho el anfitrión era no comer cerdo para así no ofender a su hermano más débil.

El versículo 2 nos dice: «Porque uno cree que se ha de comer de todo; otro, que es débil, come legumbres». Algunos cristianos débiles quizás se hayan vuelto vegetarianos para no comer la carne que se ofrecía a los ídolos. El Nuevo Testamento dice bien claro que se puede tomar todo tipo de alimento «con acción de gracias» (1 Timoteo 4.4) y que la distinción entre animales puros e impuros ya no existe (Hechos 10.13-15). A veces, después que se ofrendaba carne a algunas deidades grecorromanas, esta se vendía en el mercado. Para muchos cristianos débiles, eso era un escollo difícil de superar.

Pablo les dijo a los romanos: «El que come, no menosprecie al que no come, y el que no come, no juzgue al que come; porque Dios le ha recibido» (Romanos 14.3). Dios acepta tanto a los débiles como a los fuertes (los vegetarianos y los carnívoros). Lo que comen o no los cristianos no ha de ser fuente de problemas. En general, lo que Pablo les está diciendo a los que son espiritualmente fuertes en el capítulo 14 es que «los débiles no han encontrado todavía el significado de su libertad, que se rigen todavía por el rigor excesivo y que creen que el cristianismo es un conjunto de reglamentos».

Existen muchas iglesias que actúan así y establecen un conjunto de reglas con el fin de que sus miembros las cumplan. Las iglesias que actúan así piensan que el Espíritu Santo no es suficiente para guiarlas, y tratan de implantar un código exterior. Hay personas que no entienden la libertad y por eso viven rigiéndose por ciertos ritos y reglamentos. Si eres un hermano de los fuertes, que no se rige por esas cosas, no te burles de los más débiles, sino recíbelos como amados hermanos. No uses tu libertad como justificación para causar problemas en cuanto a asuntos neutrales. Y con este término, neutral, no me refiero a claros mandamientos bíblicos como el de ser bautizados o leer la Biblia, sino a asuntos tan insignificantes como ir de compras los domingos. Si en las mentes de los más débiles, ir de compras el día del Señor es algo malo porque así se lo enseñaron de niño, no lo obligues a ir de compras ese día. Debes aceptar su nivel de compresión espiritual y evitar ir de compras ese día para no ofenderlo.

Pablo les pidió a los romanos que dejaran que el Señor tratara el asunto de la validez de las creencias de los hermanos más débiles: «¿Tú quién eres, que juzgas al criado ajeno? Para su propio señor está en pie, o cae; pero estará firme, porque poderoso es el Señor para hacerle estar firme. Uno hace diferencia entre día y día; otro juzga iguales todos los días. Cada uno esté plenamente convencido en su propia mente» (Romanos 14.4-5). Por ejemplo, si un judío convertido al cristianismo quiere seguir respetando el Sabbat por algún tiempo, no hay nada malo en ello; no lo ofendas. No tiene sentido ofuscarse por ello. El versículo 6 nos dice: «El que hace caso del día, lo hace para el Señor; y el que no hace caso del día, para el Señor no lo hace. El que come, para el Señor come, porque da gracias a Dios; y el que no come, para el Señor no come, y da gracias a Dios». Si un cristiano quiere respetar el Sabbat o comer ciertos alimentos, pensando que es lo correcto, no hay que molestarse por ello porque en realidad eso no es importante. El Señor nos juzgará a todos ante el tribunal de Cristo (v. 10).

Primera de Pedro 2.16, de manera similar, nos dice que nunca debemos utilizar nuestra «libertad como pretexto para hacer lo malo». No hagas alarde de tu libertad en frente de quienes no pueden entenderla. En la vida te tropezarás con hermanos excesivamente rigurosos que piensan que es malo vestirse de cierta manera o hacer determinadas labores el día del Señor, o emplear frases expletivas o interjecciones para referirse a Dios. Lo mejor que se puede hacer es evitar la confrontación. No hagas alarde de tu libertad; ten consideración por tu hermano más débil.

Pablo alertó a los romanos con estas palabras: «Así que, ya no nos juzguemos más los unos a los otros, sino más bien decidid no poner tropiezo u ocasión de caer al hermano» (v. 13). El versículo 21 retoma este principio general y lo hace más particular: «Bueno es no comer carne, ni beber vino, ni nada en que tu hermano tropiece, o se ofenda, o se debilite». Aunque hoy en día sean pocos los que se ofenden por comer los alimentos que se ofrendan a los ídolos, hay quienes se sienten ofendidos por los que beben vino. Una de las razones por las que no bebo es porque me hace perder el equilibrio. Cuando perdemos el equilibrio, nuestro progreso espiritual como cristianos se detiene al hacer algo que nuestra conciencia no nos permite hacer. A los más débiles también se les puede ofender, y arruinar nuestro testimonio, haciendo que tengan una opinión menos merecedora de nosotros como cristianos porque no hemos sabido considerar con amor su inmadurez. Si han tropezado y se sienten ofendidos, es probable que se vuelvan aun más débiles al caer nuevamente en las garras del rigor excesivo mientras ven con cuánta ligereza haces uso de la libertad que has recibido.

A razón de ir cerrando este libro recordemos la verdadera definición de libertad. «Saber qué es bueno y tener el poder de hacerlo». Indiscutiblemente nuestra condición antes de Cristo era de esclavitud. En otras palabras lo único que podíamos hacer era obedecer al pecado, PERO Cristo vino a darnos libertad. Esto quiere decir que ahora no sólo nos muestra lo correcto a través de Su Palabra sino además nos da el poder de hacerlo a través del poder del Espíritu Santo. La propuesta es que únicamente el Espíritu Santo puede darnos el valor para amar a los demás y ser la clase de líderes que ha aprendido a seguir el ejemplo del liderazgo de Jesús: el liderazgo ofensivo y escandaloso, el liderazgo para el nuevo siglo que ama con verdad y gracia. Ahora solamente queda hacernos la pregunta si estamos dispuestos a aprender no sólo el liderazgo sino el seguirazgo. Este es tema para otro libro... SEGUIRAZGO... Aprendiendo a seguir para poder liderar.

Agradecimientos

Quisiera extender un especial agradecimiento a todos los capellanes trabajando con Estrategia de Transformación. Gracias a Joel Aguilar por todas sus contribuciones y por supuesto un especial agradecimiento al Dr. Joel Van Dyke por tu ejemplo de liderazgo entre un grupo tan especial para nuestro Dios como lo son las personas más necesitadas.

Notas

Capítulo 1

1. Esta información la escuché de Josh McDowell mientras viajamos juntos por toda América Latina en el tour *Es bueno o es malo*. En otra oportunidad volví a traducirle en el marco de Expolit, en Miami, y volví a escuchar la misma información.

2. Traduciéndole a Josh McDowell en Expolit 2005, escuché esta información.

Capítulo 3

1. Colin Foreman, *Daily Journal*, www.colinforeman.blogspot.com, septiembre 2005.

2. Matthew Henry, *Commentary on the Whole Bible* (McLean, VA: MacDonald, s.f.), 5: p. 446.

Capítulo 4

1. Letra por Thomas O. Chisholm. © 1923. Ren.1951 y sus trad. Hope Publishing Co., Carol Stream, IL 60188. Todos los derechos reservados. Usada con permiso.

2. R. B. Barr y J. Tagg, "From Teaching to Learning, A New Paradigm for Undergraduate Education", *Change Magazine*, 1995, noviembre/diciembre.

3. Wingspread Group on Higher Education, "An American Imperative: Higher Expectations for Higher Education" (Racine, WI: The Johnson Foundation, Inc., 1993).

4. Ibid.

5. G. E. Boggs, "The Learning Paradigm", *Community College Journal*, 1995-1996, diciembre/enero.

Capítulo 5

1. Henri Nouwen, *¡Gracias! A Latin American Journal* (Maryknoll, NY: Orbis, 1993). Escrito inspirado por el trabajo de su amigo el padre John Vessey en Guatemala en los años 1981, 1982.

2. Priya Abraham, Jamie Dean y Lynn Vincent, "Coming to a Neighborhood Near You", *World*, 18 junio 2005. http://www. worldmag.com/articles/10733.

3. J. R. Anderson, "The Adaptive Nature of Human Categorization", *Psychological Review*, 1991, p. 98.

4. D. T. Gilbert y J. G. Hixon, "The Trouble of Thinking: Activation and Application of Stereotypic Beliefs", *Journal of Personality and Social Psychology*, 1991, p. 509.

Capítulo 9

1. R. C. H. Lenski, *The Acts of the Apostles* (Minneapolis, MN: Augsburg, 1961 [1934]).

2. Kenneth Gentry, Jr., *The Greatness of the Great Commission* (Tyler, TX: Institute for Christian Economics, 1990), p. 242.

Bibliografía

Libros

Anderson, J. R., "The Adaptive Nature of Human Categorization", Psychological Review, 1991, p. 98.

Barr, R. B. y Tagg, J., "From Teaching to Learning, A New Paradigm for Undergraduate Education", Change Magazine, 1995, noviembre/diciembre.

Boggs, G. E., "The Learning Paradigm", Community College Journal, 1995-1996, diciembre/enero.

Bonhoeffer, Dietrich, *The Cost of Discipleship*, Touchstone Publishers, Nueva York, 1995.

Crabb, Larry, *Finding God*, Zondervan Publishers, Grand Rapids, MI, 1995.

Clinton, Robert, *The Making of A Leader*, Navpress Publishing, Colorado Springs, CO, 1988.

Christensen, Clayton, *El dilemma de los innovadores*, Granica, Buenos Aires, 1999.

Collins, Jim, *Empresas que sobresalen*, Norma, Bogotá, 2002.

Covey, Stephen, *El liderazgo centrado en principios*, Paidós Ibérica, Barcelona, 2008.

Easum, Bill, *Leadership on the Other Side: No Rules, Just Clues*, Abingdon Press, 2000.

Gangel, Kenneth O., *Team Leadership in Christian Ministry*, Chicago, IL, Moody Press, 1997.

Gilbert, D. T. y Hixon, J. G., "The Trouble of Thinking: Activation and Application of Stereotypic Beliefs", *Journal of Personality and Social Psychology*, 1991.

Ford, Leighton, *Transforming Leadership*, InterVarsity Press, Dallas, TX, 1993.

Gentry, Kenneth Jr., *The Greatness of the Great Commission*, Institute for Christian Economics, Tyler, TX, 1990.

Hendriksen, William, *The Gospel of Matthew*, Baker, Grand Rapids, MI, 1973.

Henry, Matthew, *Commentary on the Whole Bible*, MacDonald, McLean, VA, s.f., 5: p. 446 [*Comentario bíblico de Matthew Henry*, Vida, Grand Rapids, MI, 2007].

Kotter, John P., *Al frente del cambio*, Urano, Barcelona, 2007.

Lenski, R. C. H, *The Acts of the Apostles*, Augsburg, Minneapolis, MN, 1961 [1934].

Linbery, Richard, *The Joseph School of Leadership: How God Trains Leaders*, Tate Press and Enterprises, 2005.

Nouwen, Henri J. M., *En el nombre de Jesús*, Promoción Popular Cristiana, Madrid, 2001.

MacGregor, J. B., *Transforming Leadership: A New Pursuit of Happiness*, Grove/Atlantic, 2003.

Murray, John, *The Epistle to the Romans*, Eerdmans, Grand Rapids, MI, 1968.

Piper, John, Brothers, *We Are Not Professionals*, Broadman, Nashville, TN, 2002.

Plummer, Alfred, *An Exegetical Commentary on the Gospel of Matthew*, Baker, Grand Rapids, MI, 1982 [1915].

Sanders, Oswald, *Liderazgo espiritual*, Portavoz, Grand Rapids, MI, 1995.

Spears L. C., *Insights on Leadership: Service, Stewardship, Spirit, and Servant-Leadership*, Wiley, 1997.

Spurgeon, C. H., *The Gospel of Matthew*, Revell, Grand Rapids, MI, 1987.

Thrall, Bill, Bruce McNicol y Ken McElrath, *The Ascent of a Leader*, Jossey-Bass Publishers, San Francisco, CA, 1999.

Westerman, John, *The Leadership Continuum: A Biblical Model for Effective Leadership*, Lighthouse Publishing, Inc., Walkersville, MD, 1997.

White, John, *Excellence in Leadership*, InterVarsity Press, Downers Grove, IL, 1988.

Wingspread Group on Higher Education. "An American imperative: Higher expectations for higher education", The Johnson Foundation, Inc., Racine, WI, 1993.

Sitios web

4BabyBoomers.com. Acceso obtenido en junio 2008.
http://4babyboomers.4anything.com/
Este sitio tiene nexos e información para los *baby boomers* y acerca de ellos.

Baby Boomer Headquarters (BBHQ). Acceso obtenido en abril 2009.
http://www.bbhq.com/
Este sitio contiene información y salas de conversación para todos los
interesados en la generación de los *baby boomers*.

Boomers International. Acceso obtenido en abril 2009.
http://boomersint.org/
Este sitio aloja una comunidad para *baby boomers*.

Peel. Acceso obtenido en junio 2008.
http://www.peelworld.com/
Esta revista electrónica contiene temas de interés general para la
generación X.

Otros

Liberty in Christ, What is Christian Liberty? por John MacArthur,
Gálatas 5.13-16, cinta GC 1667.

Acerca de los autores

Jeffrey De León es el director ejecutivo de Liderazgo Juvenil Internacional y presidente de FLET, la Facultad Latinoamericana de Estudios Teológicos (www.flet.edu). Él ha sido conferencista en Latinoamérica, Europa y Estados Unidos por más de 20 años. Como comunicador internacional, Jeffrey ha hablado y capacitado a miles de jóvenes, líderes juveniles, padres y pastores. También es autor de muchos artículos y libros, incluyendo *Cuando las consecuencias no son suficientes*. Su programa de radio semanal *Al punto* (por www.cvclavoz.com) es escuchado en 25 países en más de 300 emisoras. Jeffrey recibió su título de maestría en la Biblia y teología de Columbia International University de Carolina del Sur y su doctorado en filosofía y educación de Trinity International University en Chicago. Se casó con Wenona y viven en el sur de la Florida con sus cuatro hijos: André David, Victor Ariel, Belani Celest y Yanabel Colette.

Joel Van Dyke es director de Estrategia de Transformación (EdT), un ministerio que equipa a la iglesia en América Latina para alcanzar y servir a las familias y comunidades de alto riesgo en contextos difíciles. Actualmente EdT trabaja en comunidades en cinco países de América Latina (Guatemala, Honduras, El Salvador, Nicaragua y la República Dominicana). Joel se trasladó a vivir a Guatemala después de servir dieciséis años como pastor de jóvenes y pastor general en la iglesia Bethel Temple Community Bible Church en Filadelfia, Pensilvania. Joel también trabajó en equipo en la planificación de una iglesia en Chicago y en varias posiciones con jóvenes y familias de alto riesgo. Además sirvió por varios años como consejero en terapia familiar en The Institute for Juvenile Research. Joel obtuvo una licenciatura en artes en Psicología y Trabajo Social de Calvin College en Grand Rapids, Michigan. Estudió su maestría en divinidades con énfasis en ministerios urbanos del Seminario Teológico Westminster en Filadelfia. Terminó su doctorado en «Liderazgo transformacional para toda la ciudad» en Bakke Graduate University, Seattle, Washington. Escribe para el ministerio juvenil y el ministerio urbano. Actualmente vive en la ciudad de Guatemala con su esposa Marilyn y sus dos hijos Joelito y Sofía Marie.

Printed in the USA
CPSIA information can be obtained
at www.ICGtesting.com
LVHW030712050824
787165LV00011B/118

9 781602 551534